행복한 하루를 위한
1분 명상

Serenity To Go

Copyright © 2001 by Mina Hamilton
New Harbinger Publications, Inc.
5674 Shattuck Avenue
Oakland, CA 94609

Korean Translation Copyright © 2002 Tree of Wisdom

The Korean edition was published by arrangement with Mina Hamilton through
Literary Agency Y.R.J. Seoul

이 책의 한국어판 저작권은 유리장 에이전시를 통한 저작권자와의 독점 계약으로 지혜의 나무에 있습니다.
저작권법에 의해 한국 내에서 보호를 받는 저작물이므로 무단 전재와 무단 복제를 금합니다.

마·음·의·고·요·를·찾·아 ·떠·나·는 ·여·행

행복한 하루를 위한 1분 명상

미나 해밀턴 지음 · 이상원 옮김

지혜의 나무

감사의 글

이 책이 만들어지기까지 멋진 분들의 너무나 큰 도움을 받았다. 토니 패커, 릭 재로우, 조안나 메이시, 람 다스, 틱낫한이 그들이다. 다양한 치료 과정과 워크숍을 함께 하면서 나는 그분들의 지혜와 통찰력을 받아들였다. 이 스승들이 없었다면 이 책은 절대로 세상 빛을 보지 못했을 것이다.

또한 '스트레스 해소 및 요가 과정' 수강생들도 이 책의 방향을 잡는데 결정적인 역할을 했다. 이들과 함께 연구하면서 나는 끊임없이 자극을 받을 수 있었다.

　스트레스 해소를 위한 요가 기법을 처음 익히기 시작한 13년 전의 그날 이후, 나는 크리팔루 요가 센터의 수많은 선생님들로부터 어떻게 삶의 힘든 순간을 이겨내고 마음의 고요함을 찾을 것인지에 대해 가르침을 받아 왔다. 특히 토드 노리언과 카렌 카우무디 하스칼에게 감사드린다.

　해부학과 생리학을 가르쳐주신 제프리 미그도우, 에이드리언 재미엘, 이레네 다우드에게도 감사한다. 편집에 발벗고 나서준 뉴하빈저 출판사의 헤더 가노스, 여러 차례 읽고 수정하는 작업을 마다 않고 맡아준 준 피플스, 에이드리언 재미엘, 애비 터너, 캐더린 보일에게도 인사를 전한다. 마지막으로 테리 크레이머와 언니 리사 해밀턴도 너무나 값진 도움을 주었다는 점을 밝혀 둔다.

차례

1부 마음의 고요를 찾기 위한 여행에 함께 하게 된 것을 환영합니다!
  여행을 떠나기 위해 : 갖춰야 할 준비물 11
  마음의 고요를 찾기 위한 방법 : 다섯 가지 재료 소개 18
  지금 숨을 쉬고 있습니까? : 실제적인 조언들 25
  간단한 해부학 강의 : 어째서 심호흡이 좋은가 31
  이집트 자세 : 고요함의 시작 36
  의학적 조언 : 최고의 방책은 중용 42

2부 아침 시간을 위해
  시계의 알람이 울리기 시작할 때 : '아, 나는 살아 있다!' 49
  샤워하기 : 부드럽고 안전한 척추 스트레칭 54
  벌써 속도를 내기 시작했다면 : 행동을 늦추기 59
  현관을 벗어나기 전 : 3분 동안의 정신 집중 64

3부 출퇴근 시간을 위해
  바퀴 위에서 보내는 4년 : 신체적, 정신적 안정 71
  교통 체증 : 주위 풍경을 감상하기 76
  신체 스캐닝 : 운전석에서의 스트레스 해소법 80
  보다 평온한 운전 : 주위 사람들을 '우리'로 생각하기 85
  평온한 운전을 위한 두 번째 방법 : 마음을 따뜻하게 91
  마법의 한마디 : 안녕하세요? 96
  대중 속에서 : '빠를수록 좋다'는 생각을 버리기 101
  산과 같은 자세 : 남의 눈에 뜨이지 않는 척추 스트레칭 107
  공감 연습 : 주위 사람에 대해 생각하기 112

4부 근무 시간을 위해
  카페인 대체물 : 활기차게 출발하는 비결 119

통화 중에 할 수 있는 간단한 얼굴 마사지 125
눈 운동 : 눈 근육을 이완시키기 130
밥 먹는 시간 : 감사함을 연습할 기회 136
우체국에서 : 균형 연습 141
당신은 아틀라스가 아닙니다. 어깨와 등에 휴식을 주십시오 148
상사와 면담하기 전에 : 뿌리를 내리기 154

5부 어디론가 가고 있는 시간을 위해

왜 서두르는 겁니까? 천천히 가보면 어떨까요? 161
휴대전화 중독 환자를 만났을 때 : 신경을 분리하는 연습 166
잠시 동안의 동작 정지 171
목 스트레칭 176
별 보기 : 혼잡한 지하철로부터 외계로 181
버스나 지하철 손잡이를 잡고 서 있을 때 : 트위스트 스트레칭 186
지하철에서의 공감 연습 : 감사하기 192
한가로운 산책 : 늑장부리는 기쁨 196
수퍼마켓에서 : 짜증내지 않고 계산 순서를 기다리기 201

6부 마침내 집으로

퇴근 후의 휴식 : 다리 운동 209
등의 통증이 심할 때 : 쉽고 안전한 스트레칭 213
저녁 식사를 준비하는 시간 : 감사해야 할 일들 218
식사 준비 완료 : 천천히 먹기 223
완전한 이완 : 머리부터 발끝까지 227

1부
마음의 고요를
찾기 위한
여행에 함께 하게 된 것을
환영합니다!

여행을 떠나기 위해: 갖춰야 할 준비물

또다시 교통 체증에 갇혀 짜증이 나는 상황입니까? 수퍼마켓 계산대 앞의 긴 줄 속에서 당장이라도 폭발할 것 같은 기분이라고요? 당신은 그런 순간을 바꿔놓을 수 있습니다. 도대체 고요함이란 전혀 불가능해 보이는 때라 할지라도 당신은 마음의 평온을 유지할 수 있습니다. 가능한 한 그 순간이 어서 빨리 지나가 버렸으면 하는 마음뿐일 때, '더 이상은 1초도 버티지 못할 것 같아'라는 생각이 간절한 그런 때에 말입니다.

무슨 엉뚱한 소리냐고요? 잠깐만! '그건 절대 불가능한 일이야라고 말하기 전에 몇 쪽만 더 읽어 주십시오. 그러면 이 책의 도움을 받아 짜증나는 순간을 무궁무진한 기회로 변화시키게 될 겁니다. 아주 간단한 방법을 통해 짜증스러운 경험이 고요와 편안함의 순간, 흥미롭고 심지어 아름답기까지 한 경험으로 변모하게 될 겁니다. 최악의 순간이 닥쳐온다 해도 헛기침 한번에 넘겨버릴 수 있을 겁니다. 어쩌면 그런 순간이 정말로 재미있는 사건으로 바뀔지도 모릅니다.

조금씩 짜증이 나기 시작하나요? "도대체 뭘 어떻게 하라는 거야? 만사 포기하면 되나?" 일단 마음을 가라앉히십시오. 달리 필요한 준비물은 없습니다. 터번을 두르고 연꽃 위에 앉는 따위의 일은 하지 않을 테니까요. 물구나무를 서거나 몸을 꽈배기처럼 배배 틀 일도 없습니다. 당신이 좋아하는 초콜릿이나 카푸치노 커피와 작별해야 하는 것도 아닙니다.

하지만 단 한가지, 이 여행에 필요한 것이 있습니다. 바로 열린 마음입니다. 이미 '더할 나위 없이 충분히 열린 마음'을 가지고 있다고요? 물론 당신은 그럴 겁니다. 하지만 조금만 노력한다면 훨씬 더 많이 열릴 수 있습니다. 열린 마음이 대체 무엇인지 잠시 생각해 봅시다.

열린 마음이란 기꺼이 시도해보려는 자세를 의미합니다. 첫눈에 보기에는 어이없고 바보스럽게까지 보이는 (이건 시도하고 싶지 않을 때 흔히 내세우는 핑계입니다) 새로운 무언가를 직접 해보는 것 말입니다. 이는 또한 낡은 사고방식을 찾아내 새롭게 만들거나 필요한 경우 머리 속에서 쫓아내 버릴 수도 있는 마음가짐을 의미하기도 합니다. 바위 위에 따개비가 다닥다닥 붙어 있듯 우리에게는 습관이 달라붙어 있습니다. 누구나 마찬가지입니다. 나도, 당신도 모두 습관에 사로잡혀 있는 겁니다. 습관은 친숙한 것이고 때문에 편안하게 느껴집니다. 터무니없이 낡고 어리석은 습관이라 해도 말입니다.

인생의 갖가지 자극에 우리 각자가 대응하는 방법은 이미 정해져 있습니다. 자, 이래 가지고도 열린 마음이라고 말할 수 있을까요? 당신은 기꺼이 새로운 것을 시도할 수 있습니까? 이 책은 좀 다르게 반응할 수 있는 방법, 혹은 전혀 반응하지 않는 방법을 알려 드리고자 합니다. 다시 말해 새로운 습관을 만드는 거지요. 아직까지는 과거의 습관이 어떤 결과를 낳는지에 대해 생각조차 해 보지 않았을지 모릅니다. 그렇다면 곧 새로운 습관이 훨씬 기분 좋은 것이라는 걸 알게 될 겁니다. 스트레스가 줄고 마음이 더 편안해질 테니까요.

자주 맞닥뜨리는 불쾌한 순간에서부터 이야기를 풀어가 볼까요? 누군가 미친 듯이 자동차 경적을 울려댄다고 합시다. 그 때 당신은 애인에게 줄 꽃다발을 들고 교차로에 서 있는 중이지요. 아니면 바로 앞의 차안에서 교통 체증이 풀릴 때까지 지루하게 기다리고 있을 수도 있습니다. 경적 소리는 당연히 짜증스럽겠죠. '도대체 저 사람 뭐 하는 거야?' '무례한 인간 같으니라고.' '저런 양식 없는 운전자는 딱 질색이야.'라는 등의 생각이 불쑥 불쑥 떠오를 겁니다. 의식적이 아니라 자동적으로 말이죠.

짜증스러운 경적 소리를 들을 때마다 이런 생각이 뒤따릅니다. 너무도 익숙하고 자동적이기 때문에 당신은 자신의 반응을 인식조차 하지 못합니다. 하지만 이런 생각은 당신 삶에 커다란 영향을 미칩니다. 처음에는 화가 나다가 결국 신체적인 반응으로까지 이어집니다. 심장이 뛰고 혈압이 높아지고 스트레스 화학 물질이 당신의 온 몸을 타고 흐릅니다. 당장 누구한테든 한 방 먹이고 싶은 생리 상태가 되는 겁니다.

당신은 반박할지 모릅니다. "뭐라고요? 내 생각이 문제라고요? 아니, 문제는 저 무례한 운전자라니까요." 물론 운전자도 일부 원인을 제공하기는 했습니다. 하지만 당신과 당신의 반응 방식이 더 중요한 원인입니다. 그저 심호흡을 한 번 하고 넘어간다면 어땠을까요? 아예 반응하지 않는 편을 택한다면? 대신 하늘을 올려다보며 구름이 만들어내는 풍경을 감상한다면요? 그 운전자는 여전히 경적을 울리고 있겠지만 당신은 거기에 신경을 쓰지 않습니다. 상황을 다시 정의하는 법을 택했으니까요. 그래요, 물론 말처럼 쉽기만 한 것은 아닙니다. 그래서 이 책을 통해 약간의 도움을 받는 편이 좋습니다. 함께 마음을 고요하게 하는 기술을 연습하면서 말입니다. 하룻밤 사이에 모든 것이 바뀔 수는 없는 법입니다. (그럴 수 있다고 말하고 싶은 것이 솔직한 심정입니다. 하지만 그건 거짓말이 될 겁니다.)

열린 마음에는 또 다른 어떤 특징이 있을까요? 열린 마음은 유연한 마음입니다. 그래서 상황을 여러 다른 각도에서 바라보죠. 마지못해서일지언정 "그래, 내 시각이 꼭 옳은 것은 아니야."라고 말할 수도 있습니다. 물론 열린 마음을 가진 사람도 "저 사람은 정말 문제야. 분명 잘못을 저지르고 있다고."라고 투덜거릴 때가 있을 겁니다. 하지만 그 다음엔 이렇게 덧붙이겠죠. "그렇긴 하지만, 나 역시 그런 잘못을 저지를 때가 있지."

또한 이 여행에는 유머 감각도 큰 도움이 될 겁니다. 처음에는 좀 쑥스럽고 불편한 기분이 될지도 모르거든요. 마음의 고요를 찾기 위해 여기서 소개되는 기법들은 대부분 남의 눈에 잘 뜨이지 않는 종류이지만 때로는 어색한 느낌이 들기도 합니다. 예를 들면 전혀 어울리지 않는 장소에서 스트레칭을 하는 것이 그렇죠.

21세기의 사람들은 옷을 거의 벗다시피 하고도 거리로 뛰어나와 조깅을 합니다. 자주색 조깅용 브라와 간신히 엉덩이를 가리는 반바지 같은 차림으로 말입니다. 조깅 붐이 불기 이전, 예를 들어

1970년대에 그런 반라 차림으로 거리에 나섰다면 아마 정신병자 취급을 받았을 겁니다. 하지만 오늘날에는 당신이 그런 옷차림을 해도 아무렇지도 않고 다른 사람이 그렇게 다니는 것을 보아도 무심히 보아 넘기게 됩니다.

우체국에서 줄을 서 기다리는 시간은 스트레칭 하는데 적합한 새로운 기회인지 모릅니다. 만원 버스나 지하철이 그런 가능성을 제공할 수도 있습니다. 공공 장소에서 마음의 고요를 찾기 위한 기법을 실천하면서 쑥스러운 생각이 든다 하더라도 그런 감정에 주눅이 들어버릴 필요는 없습니다. 당당하게 계속하십시오. 시대를 선도하는 사람이 되어보는 것도 나쁘지 않습니다. 1970년대의 조깅 광들이 그랬듯 말입니다.

뜻하지 않은 순간에 과장된 심호흡을 해야 하는 순간이 올 수도 있습니다. 하지만 때로는 생존을 위한 자연스러운 숨쉬기조차도 조심스럽지 않던가요? 다른 사람이 내 숨소리를 듣거나 심호흡하는 모습을 눈치챌지도 모른다고요? 글쎄요, 주위를 둘러보십시오. 사람들은 휴대 전화를 받거나 워크맨으로 음악을 듣는 등 나름대로 자기 일에 빠져 있습니다. 당신이 심호흡을 하든 말든 그들은 아무 상관도 않을 겁니다.

마음속에 저항감이 느껴질 때면 스스로에게 물어 보십시오. "이것은 열린 마음인가, 아니면 과거의 습관인가?" "나는 20세기의 사고방식에 연연하고 있는 것이 아닌가?" "새 천년에 걸맞는 신선한 모습으로 스스로를 바꿔가려면 어떻게 해야 할까?"

자, 그럼 짜증스러운 순간을 바꿔버리기 위해서는 무엇이 필요할까요? 바로 다음에 이어지는 '마음의 고요를 찾기 위한 방법: 다섯 가지 재료 소개'를 보면 됩니다.

변화하기에는 나이가 너무 많이 들었다고요? 이미 기존의 사고방식과 습관 속에서 딱딱하게 굳어진 것 같다고요? 자, 그럼 최신 과학 정보를 하나 알려 드리겠습니다. 성장이 멈춘 성인이라 해도 기억의 중심인 뇌의 해마체에서는 끊임없이 새로운 뇌세포가 생겨난다고 합니다. 따라서 당신의 뇌는 언제나 새로운 것을 배울 수 있습니다. 왜 새로 얻은 세포를 활용하지 않으려 하십니까?

마음의 고요를 찾기 위한 방법:
다섯 가지 재료 소개

이 책은 요리책과 약간 비슷합니다. 필요한 상황에서 필요한 방법을 찾아 읽어야 한다는 점에서 그렇습니다. 기분과 상황에 따라 마음대로 여기 저기 조금씩 읽어보아도 좋습니다. 연습이란 상황에 따라 달라질 수밖에 없거든요. 교통 체증이 문제입니까? 그렇다면 '3부. 출퇴근 시간을 위해'로 가십시오. 사무실에서 마음의 평화를 찾고 싶다고요? 그럼 '4부. 근무 시간을 위해'를 펼치면 됩니다.

당신이 언제나 이 책을 몸에 지니고 다녔으면 합니다. 마음을 고요하게 하는 방법은 아주 간단하고 또 쉽습니다. 하지만 흥분하고 열 받은 상황에서는 집에서 편안한 자세로 읽었던 내용이 생각나지 않을 때가 많거든요.

이 책에서는 크게 다섯 가지 방법을 소개하려 합니다. 스트레칭, 호흡, 공감, 감사, 주위의 아름다움에 대한 새로운 인식이 그것입니다.

'스트레칭'이라는 말만 들어도 질색이라고요? 여기서는 전혀 그럴 필요가 없습니다. 이 책에서 소개하는 스트레칭이란 누구든 할 수 있거든요. 하루종일 소파에 누워있는 사람이든, 운동 광이든, 요가 전문가든 누구든 말입니다. 심지어 휠체어에 앉은 사람도 대부분은 따라할 수 있습니다.

스트레칭이나 호흡에는 특별한 장소가 필요한 것도 아닙니다. 우체국, 버스, 승용차 안 등 어디서나 가능합니다. 그리고 다른 사람 눈에는 잘 뜨이지도 않습니다. 붐비는 지하철 안에서 바로 옆에 서 있는 사람조차 전혀 눈치채지 못할 겁니다.

마음의 고요를 되찾아 주는 이런 스트레칭은 방법이 특별합니다. 텔레비전을 응시하며 러닝 머신 위에서 땀을 뻘뻘 흘리게 되는 헬스클럽을 연상하지는 마십시오. 팔 다리를 힘차게 움직이며 근육을 완전히 긴장시키는 그런 종류와는 전혀 다릅니다. 이 책에서 소개되는 스트레칭은 아주 부드럽고 정적입니다. 헐리우드 배우 같은 완벽한 몸매를 만드는 것이 목적인 체조와는 다릅니다. 한마디로 편안하고 쉽습니다.

헬스클럽 운동과 이 책의 스트레칭 사이에는 또 하나 커다란 차이가 있습니다. 바로 당신 마음이 어디에 머무는가 하는 것입니다. 헬스클럽에서 당신은 텔레비전이 보여주는 아름다운 남태평양의 섬에 정신이 팔리게 될 겁니다. 조깅하면서 저녁 식사 메뉴 생각을 할지도 모르죠.

하지만 여기서는 그 방황하는 마음이 스스로를 향하게 될 겁니다. 우리 머리 속은 미래에 대한 걱정, 과거에 대한 후회, 끊임없는 계획, 꿈 같은 것으로 늘 꽉 차 있습니다. 하지만 스트레칭 하는 순간만은 몸에 대해서만 생각하게 될 겁니다. '아, 그래. 나한테는 목이 있지. 내 목이 어떻게 움직이게 될까?' 이런 식으로 온 몸을 머리로 느끼며 스트레칭 하게 됩니다.

동시에 당신 머리 속에서 순식간에 떠올랐다가는 사라지는 생각들을 관찰하는 방법도 익힐 수 있습니다. 우리 대부분은 자기 몸에 대해 부정적인 생각을 잔뜩 가지고 있습니다. 그리고 아주 작은 자극만 받아도 그 부정적인 생각을 밖으로 끌어내죠. 부드러운 스트레칭도 그런 자극이 될 수 있습니다.

앞으로 그런 잘못된 판단을 찾아내 없애버리는 연습을 하게 될 것입니다. 생각을 '없애버린다'는 건 무슨 뜻일까요? 어떤 생각에 매달려 그것이 결국 자기 비난으로 연결되지 않도록 하는 것이지요. 예를 들어 스트레칭을 하다가 '배 근육을 단련해야겠다'는 생각이 들 수 있습니다. 그 생각은 곧 '난 너무 뚱뚱해' '왜 오늘 초콜릿 케이크를 먹었던 걸까?'라는 자기 비난과 후회로 이어지기 십상입니다.

하지만 그런 생각의 흐름이 낡은 사고 방식임을 깨닫고 없애버리기로 작정한 경우라면 '또다시 쓸데없는 걱정을 했군'이라고 깨닫고 호흡이나 스트레칭에만 신경을 기울일 수 있습니다.

앞으로 '호흡' '심호흡' '완전히 이완하는 호흡'이라는 세 가지 표현이 계속 등장하게 될 겁니다. 호흡은 바로 그 순간 일어나는 상황을 인식할 수 있도록 도와주는 역할을 합니다.

여기서 '바로 그 순간 일어나는 상황'이란 교통 체증과 같은 외부적인 사건은 아닙니다. 인정하긴 싫지만 우리에게는 외부적 현실을 바꿀 힘이 없습니다. 교통체증은 그야말로 시내에서부터 북극까지 이어져 있죠. 해리 포터의 마법 빗자루를 타고 자동차의 바다 위를 날아갈 수 있는 방법은 없습니다. 완전히 새로운 교통 수단을 만들기도 어렵죠. 차가 전혀 없는 비밀의 우회로를 찾기도 불가능합니다.

우리가 할 수 있는 일은 내부적 반응을 바꾸는 것입니다. 그 첫 단계는 자기 호흡을 관찰하는 데서 시작됩니다. 특별히 어떻게 바꾸겠다고 생각할 필요도 없이 그저 호흡을 관찰하기만 해도 어느덧 호흡은 편안해집니다. 스스로 어떻게 호흡하는지, 호흡이 깊은지 얕은지를 판단할 수도 있습니다. 그럼 선택이 가능해지죠. 호흡이 얕은 편이라면 더 느리고 고요한 쪽으로 변화시킬 수 있습니다. 이건 아주 간단하고 그래서 마치 마술처럼 보입니다. 호흡을 관찰하고 깊게 한다, 이 두 가지면 끝입니다. 이 책에서는 계속 이 방법이 강조될 것입니다.

마음의 고요를 찾기 위한 또 다른 중요한 재료를 소개하겠습니다. 바로 공감입니다. 이건 상황을 다른 방법으로 바라보기 위한 핵심 요소입니다. '내가' 받은 상처나 '내' 고통에 대해서만 생각하게 될 때가 참 많습니다. 그리고 특정 상황에 대한 경험은 주위 사람들에 대한 태도 때문에 한층 더 악화됩니다. "저 남자가 내 발을 밟았어." "저 여자가 내 앞에 끼어 들었어." 비난과 분노, 짜증으로 기운이 소진되고 몸에서는 아드레날린이 잔뜩 분비됩니다. 심장 박동이 빨라지고 혈압도 높아지겠죠. 개들은 이럴 때 으르렁거리고 날카로운 이를 드러냅니다.

하지만 우리는 개가 아닙니다. 우리는 이런 상황에서 다르게 대처하는 법을 선택할 수 있습니다. 주위 사람들을 경쟁자가 아닌 동료로 보는 것입니다. 모두들 나름대로 취약한 점을 가지고 누군가의 사랑을 받으며 최선을 다해 살아가는 인류의 한 사람으로 말입니다. 주위 사람들의 감정과 경험에 대해 생각하게 되는 바로 그 순간 굉장한 변화가 일어납니다.

"전 이미 충분히 이해심이 많은 사람이에요. 굳이 연습 같은 건 필요 없다고요." 당신은 이렇게 말할지도 모르겠습니다. 정말로 깊게 공감할 수 있는지도 모릅니다. 하지만 교통 체증에 갇혀 있다거나, 만원 지하철에 꼼짝할 수 없을 정도로 끼어 있는 상황이라면 어떨까요? 이럴 때도 늘 충분히 주위에 공감하고 있다고 자신합니까? 아마 그러기 어려울 겁니다.

감사하기 위한 방법도 몇 가지 소개될 겁니다. 스트레스를 받는 바로 그 순간에 말입니다. 오로지 자기 문제에만 온 정신을 집중하는 경우 그 문제가 실제 상황에서 차지하는 비중은 까맣게 잊기 쉽습니다. 당신의 몸이라는 이미 주어진 선물이나 당연히 보장된 권리 같은 기본 요소들을 망각해 버리는 것이지요. 물론 지나치게 감상적이 되라고 부추기려는 것은 아닙니다. 그저 평소에 당연하다고 받아들이는 평범한 일들의 가치를 인식하자는 것입니다. 평범한 것들은 실제로는 아주 특별합니다. 밤새도록 심장이 뛰어 온 몸에 피를 운반해 주었다든지, 접시 위에 참치 샌드위치가 놓여 있다든지 하는 일 말입니다.

마지막으로 당신 주위를 둘러싼 우주를 좀 더 잘 인식하게끔 하는 간단한 기법이 있습니다. 세상을 신선한 시각으로 바라보는 것이지요. 우리는 '무엇에든 심드렁한' 증후군 환자입니다. 지루할 때면 화내거나 짜증을 부리고 스트레스도 더 많이 받는 법이지요. 바로 이 때문에 이 책은 발 밑의 땅과 머리 위의 하늘, 그리고 그 사이에서 벌어지는 놀라운 일들에 대해 당신의 주의를 환기하고자 합니다. 우리는 늘 너무 바쁘거나 당장 해야 할 일에 눈이 멀어 그만 아름답고 놀라운, 또 수수께끼 투성이의 우주를 잊고 맙니다. 우리는 가볍고 장난스러운 태도를 익힐 필요가 있습니다. 당신 삶에는 진지하고 심각한 일들이 넘치도록 많으니까요.

자, 그럼 이제 본격적인 여행에 들어가 봅시다.

지금 숨을 쉬고 있습니까? : 실제적인 조언들

물론 당신은 숨을 쉬고 있을 겁니다. 하지만 여기서 말하는 숨이란 횡경막이나 복근을 움직이는 깊은 호흡입니다. 지금 어떻게 숨을 쉬고 있습니까? 당신 배의 움직임을 확인하십시오. 배를 의식하십시오. 배가 이완된 상태로 부드럽게 앞으로 나왔다가 들어갔다가 하고 있다면 당신은 횡경막 호흡을 하는 셈입니다. 하지만 배가 딱딱하게 굳은 상태에서 어깨가 올라갔다 내려갔다 한다면 그건 얕은 호흡입니다.

왜 귀찮게 숨쉬는 방법 따위를 바꿔야 하냐고요? 지금까지도 별

탈 없이 숨을 쉬며 살아 왔다고요? 여기에는 아주 중요한 이유가 있습니다. 심호흡은 이완 반응이라고 불리는 생리적 과정을 촉진시킵니다. 이 반응에는 수많은 복잡한 신경학적 생리 화학적 요인이 관련됩니다. 그래서 무슨 의미가 있냐고요? 횡경막 호흡(복식 호흡)을 하게 되면 우리 몸이 휴식 단계로 들어갑니다. 생리적으로 휴식하게 되는 셈이죠. 그러면 어떻게 될까요? 신체적으로 휴식하게 되면 감정 또한 가라앉습니다. 퍽 간단하죠? 여기서 중요한 점은 우리 '스스로' 호흡을 통해 이러한 반응을 유도할 수 있다는 점입니다.

다시 한번 지금 당신이 숨쉬는 방법을 살펴보십시오. 배가 천천히 부드럽게 앞뒤로 움직이고 있습니까? '부드러운' 배라는 표현이 이상한가요? 그건 우리가 납작하고 딱딱한 배를 숭배하는 문화에 살고 있기 때문입니다. 배를 납작하게 만들기 위해 사람들은 러닝머신 위에서 운동을 하고 그래도 효과가 없으면 꽉 끼는 속옷을 입거나 지방 흡입을 하거나 하죠. 하지만 일단 여기서는 그런 유행에 대해 잊도록 합시다.

배를 이완시키는 운동을 해 봅시다. 처음에는 집에서 하는 편이 좋습니다. 바닥에 똑바로 누우세요. 침대 위는 피하도록 합시다(침대에서는 등이 충분히 지탱되지 않거든요). 바닥이 너무 딱딱하게 느껴진다면 운동용 매트나 담요를 깔면 됩니다. 무릎 아래에 베개를 놓는 것이 좋다고 하는 사람도 많이 있습니다. 그러면 등 아래쪽이 편안해집니다. 베개가 너무 작으면 등이 구부러져 아플 수도 있습니다. 보통 베개를 사용하면 되고 필요한 경우 등이 편안해질 때까지 여분의 베개를 더 집어넣으십시오.

이 설명으로 이미 눈치챘을지 모르지만 등의 생김새는 사람마다 다릅니다. 어쩌면 당신은 베개 없이 다리를 바로 바닥에 대고 죽 폈을 때 더 편안한 등을 가졌을 수도 있습니다. 당신 몸에 가장 적합한 자세를 찾을 때까지 계속 조정을 시도하십시오.

다음으로는 어깨를 이완할 차례입니다. 어깨 위에 지고 다니는 짐들을 내려놓으십시오. 뒤쪽 근육이 마루 바닥에 부드럽게 닿도록 하는 겁니다. 두 손은 배 위에 올려 두면 됩니다. 숨을 아래쪽 배로 내려보내는 것에서부터 시작합시다. 배가 오르내리는 움직임을 느껴 보십시오.

처음에는 어렵게 여겨질지 모릅니다. 가슴만 오르내리고 배는 꼼짝하지 않을 수도 있죠. 그러면 허리띠나 벨트가 너무 꽉 조이는 것은 아닌지 확인하십시오. 목 부분의 단추를 풀거나 벨트를 조금 헐겁게 하십시오. 배의 움직임을 좀 더 잘 보기 위해 커다란 책을 한 권 올려놓는 방법도 있습니다. 그럼 호흡에 따라 책이 올라갔다 내려갔다 하는 모습을 보게 되죠.

들숨과 날숨을 천천히 반복하십시오. 너무 힘을 줄 필요는 없습니다. 몸을 완전히 이완시키십시오. 이런 식으로 3분 내지 5분 동안 호흡하십시오.

몇 분 동안 이런 식으로 호흡한 후에는 책을 치우고 배의 움직임을 느껴 보십시오. 잘 되지 않으면 다시 책을 올려놓으면 됩니다.

처음 몇 번은 방에 아무도 없는 시간을 택해 연습하는 편이 좋습니다. 아이들이나 배우자, 혹은 룸메이트가 방해하지 않도록 말이죠. 괜히 호기심 어린 눈길을 받을 필요는 없습니다. 혹시 누군가 다가와 무얼 하느냐고 묻는다면 "쉬고 있는 중이야."라고 대답하십시오.

우리는 배가 아닌 폐로 호흡하는데 왜 이것을 '복식' 호흡이라고 부르냐고요? 물론 호흡은 폐가 담당하는 일입니다. 하지만 깊은 숨을 쉬게 되면 배가 앞뒤로 움직입니다. 그 이유를 알자면 약간의 해부학 지식이 필요합니다.

횡경막은 갈비뼈 아래쪽 앞뒤에 붙은 근육 막으로 폐강과 복강을 나누고 있습니다. 이 근육은 오르락 내리락 할 수 있습니다. 이 근육이 아래로 내려가면 가슴에 여분의 공간이 생기고 폐는 더 자유롭게 확장되어 산소를 가득 들이마실 수 있습니다. 동시에 아래로 내려간 근육은 복강이 바깥쪽으로 약간 부풀어 오르게 만들죠.

숨을 들이마시면 배가 부풀어 앞으로 나옵니다. 숨을 내뱉으면 안으로 납작하게 들어갑니다. 처음으로 복식 호흡을 연습할 때는 이상한 느낌일지도 모르겠습니다. 우리는 이 완벽한 자연 호흡 방법을 대부분 잊고 있기 때문입니다. 하지만 그건 우리가 어린 아이였을 때 늘 하던 호흡이었습니다. 아이 기저귀를 갈 일이 있다면 아이가 배를 불룩거리면 숨쉬는 모습을 한번 관찰해 보십시오. 어깨와 가슴은 상대적으로 훨씬 덜 움직일 것입니다. 바로 그 호흡 방법을 우리는 다시금 배워야 합니다.

물론 횡경막만으로 숨을 쉬어야 한다는 것은 아닙니다. 그건 불가능한 일이거든요. 아이들도 어떻든 가슴을 움직이며 숨을 쉽니다. 다만 '배' 호흡이 가장 중심이 되도록 하자는 것이죠.

심호흡은 하루아침에 터득할 수 있는 방법이 아닙니다. 꾸준히 연습해야 합니다. 다행히 이건 어디서나 할 수 있는 연습이죠. 몇 번 바닥에서 해보고 나면 다음에는 버스를 기다리면서, 우체국에서 줄 서 있을 때, 만원 지하철에 탔을 때 호흡 연습을 하십시오. 교통 체증이 심하다면 호흡 연습을 하기 전에 우선 차창을 올리고 에어컨을 켜십시오. 그래야 일산화탄소를 너무 많이 들이마시게 되는 사태를 예방하게 될 테니까요. 무색 무취의 이 기체는 아주 조금만 있어도 두통을 유발하고 정신을 혼미하게 만듭니다.

달리기나 자전거 타기, 수영 같은 운동을 해본 적이 있습니까? 그렇다면 당신은 이미 횡경막 호흡에 익숙한 셈입니다. 운동복은 대개 고무줄 허리이거나 스판덱스 소재입니다. 이렇게 하여 배에게 움직일 공간을 확보해주는 셈이죠. 딱딱한 가죽 정장 벨트를 메고 조깅하는 사람은 없습니다. 그랬다가는 얼마 뛰지도 못해 지쳐버릴 겁니다. 우리 인생은 마라톤과 같습니다. 스스로에게 휴식을 허락해야 합니다. 벨트를 느슨하게 하십시오. 호흡을 시작하십시오. 길게 천천히 숨쉬는 겁니다.

간단한 해부학 강의: 어째서 심호흡이 좋은가

이 책을 통해 당신은 마음을 고요하게 만들기 위한 다양한 기법을 배우게 될 것입니다. 그 모든 기법에 공통적으로 포함되는 핵심 요소가 바로 심호흡입니다. 천천히, 그리고 꾸준히 계속되는 심호흡 말입니다. 심호흡은 마음을 안정시키는 데 너무도 중요한 역할을 하기 때문에 여기서 따로 몇 가지 설명을 하고자 합니다. 그러니 해부학이나 생리학에 별 관심이 없다 해도 관심을 가지고 읽어 주기 바랍니다.

깊은 횡경막 호흡은 이완 반응을 촉진합니다. 위급한 상황이 닥쳤을 때, 예를 들어 정면에서 웬 정신나간 자동차가 미친 듯이 달려들 때 우리 몸은 전투 반응을 나타냅니다. 언제든 신속히 움직여 안전한 곳으로 대피할 수 있도록 호흡이 빨라지고 심장 박동이 증가하며 혈압도 높아집니다. 아드레날린을 비롯한 각종 스트레스 호르몬이 분비되고 상황을 더 잘 관찰하기 위해 동공이 확대되며 땀구멍이 언제든 기능을 발휘할 채비를 갖춥니다(그래서 실제로 몸이 더워진다는 느낌을 받습니다). 미친 듯 돌진하는 자동차라는 위험 상황에 대처하기 위해 꼭 필요한 반응들이죠.

이완 반응은 전투 반응의 정반대라고 생각하면 됩니다. 우리 몸이 이완 반응을 보이게 되면 호흡과 심장 박동이 느려지고 혈압이 낮아지며 동공이 수축하고 땀을 덜 흘리게 되죠. 간단히 말해 전투 반응의 모든 긴장으로부터 벗어나는 겁니다. 그렇게 해서 평온과 고요의 상태가 시작됩니다.

그런데 놀랍게도 우리는 호흡을 변화시킴으로써 이러한 이완 반응을 언제든 불러일으킬 수 있습니다. 호흡이란 이렇게 아주 특별한 역할을 합니다. 보통 우리는 호흡에 대해 의식하지 않습니다. 우리가 무얼 하고 있든, 죽은 듯 잠을 자든 혹은 신나게 춤을 추든 폐는 끊임없이 산소를 빨아들이고 이산화탄소를 배출합니다. 이를 가리켜 해부학에서는 자동 기능이라고 합니다. 아무런 지시가 없더라도 온 몸에 혈액을 순환시키는 심장이나 효소를 뿜어내는 간과 마찬가지로 폐도 자동적으로 들숨과 날숨을 반복합니다. 이렇게 자동적으로 숨을 쉬는 우리가 호흡을 통제할 수 있다는 점은 참으로 신기하지 않습니까? 우리는 숨을 참고 바다 속에 들어가 물고기를 구경할 수도 있고, 호흡을 늦추면서 높은 음으로 노래할 수도 있습니다. 위급한 상황이 닥쳤을 때 호흡을 느리게 함으로써 침착성을 되찾는 것도 가능합니다. 우리는 호흡의 '질'을 바꿀 수 있는 셈입니다.

잠시 당신 호흡의 질을 가지고 실험을 해봅시다. 호흡의 질이라고 해서 입 냄새나 뭐 그런 얘기를 하자는 것은 아닙니다! 호흡의 속도, 리듬, 느낌(쫓기는 혹은 느긋한 느낌) 등등이 호흡의 질을 구성합니다. 의자에 앉거나 바닥에 누운 자세로 급하고 짧게 끊어지는 호흡을 해 보십시오(천식이나 기종 같은 위험한 증세가 있는 사람이라면 이 연습을 하지 마십시오). 곧 불안과 흥분을 느끼게 될 것입니다. 어깨나 가슴 부위가 언제든 움직일 수 있게끔 들썩거릴지도 모릅니다. 이런 호흡은 몇 초 이상을 넘지 않도록 하십시오. 자칫 잘못하면 현기증이 날 수도 있거든요.

이제 정상 호흡으로 돌아갑시다. 그리고 점점 더 길고 지속적인 호흡으로 옮겨가십시오. 마지막은 완전히 이완된 깊은 복식 호흡입니다. 비록 충분히 복식 호흡에 숙련되지 않은 상태라 해도 곧 마음의 평온함을 느낄 수 있을 것입니다. 우리 몸이 서로 다른 호흡에 얼마나 빨리 반응하는지도 드러납니다. 정말 놀랍기 짝이 없는 일이 아닙니까! 물론 여기에는 연습이 필요합니다. 하루 종일, 그리고 위기 상황에서까지도 규칙적으로 심호흡하기 위해 꾸준히 노력해야 합니다. 이 책이 당신을 도울 것입니다.

심호흡의 다른 장점으로 어떤 것이 있느냐고요? 심호흡은 호흡의 효율성을 높입니다. 우리가 숨을 쉬면 산소가 폐의 수많은 공기 구멍(폐포 혹은 허파꽈리)으로 들어갑니다. 이 폐포막은 미로같이 복잡한 혈관으로 둘러싸여 있습니다. 대동맥은 산소를 뇌, 근육, 신경, 내부 기관 등에 전달해 생명 유지 기능을 수행하도록 합니다.

얕은 숨을 쉬는 경우 소중한 산소는 폐의 위쪽 2/3에 주로 모아집니다. 그런데 이 윗부분에는 아래에 비해 혈관이 적은 편이죠. 이 때문에 얕은 숨은 가쁜 호흡을 유발합니다. 필요한 만큼의 산소를 얻어내자면 호흡수를 늘릴 수밖에 없으니까요. 이 경우 심호흡할 때와 비교해 폐와 심장이 더 부담을 받습니다. 결과적으로 맥박이 빨라지고 더 나아가 혈압이 높아집니다. 장기적으로 이런 호흡을 계속하게 되면 불안과 피로를 느낄 수밖에 없습니다.

하지만 심호흡은 폐 깊숙이까지 전달되어 폐 전체를 산소로 채우고 모든 혈관이 온몸 구석구석까지 산소를 운반하도록 해 줍니다. 가쁜 호흡과 비교해 심장이 훨씬 천천히 뛰어도 같은 양의 산소가 전달됩니다. 그럼 맥박과 혈압이 떨어지지요. 심장의 부담이 덜어지고 우리가 느끼는 피로감도 줄어듭니다.

　다른 측면으로도 한번 살펴봅시다. 주로 가슴으로 호흡하는 경우와 주로 횡격막으로 호흡하는 경우를 비교하면 전자의 호흡 회수는 분당 16-20회, 하루 당 22,000-25,000회이고 후자의 호흡 회수는 분당 6-8회, 하루 당 10,000-12,000회입니다. 가슴으로 호흡하는 사람의 몸은 같은 결과를 내기 위해 두 배정도 더 많이 일해야 하는 셈입니다. 얼마나 불필요하고 비효율적인 일입니까!

　또 한가지 중요한 점이 있습니다. 호흡이 얕으면 혈액을 따라 흐르는 기체들이 제대로 균형을 이룰 수 없게 됩니다. 그럼 체내 노폐 물질인 이산화탄소를 효율적으로 제거할 수 없습니다. 혈중 이산화탄소가 많아지면 몸이 산성화됩니다. 그 결과 피로감을 느끼고 신경질이 많아지지요. 한마디로 스트레스를 받게 되는 겁니다.

　이 모든 현상의 원인이 호흡입니다. 해결책은 심호흡입니다. 그리고 심호흡을 해야 하는 가장 큰 이유는 더 기분 좋게 살기 위해서입니다.

이집트 자세: 고요함의 시작

　이집트 자세는 이 책에 소개될 수많은 기법의 출발점입니다. 하지만 놀랄 정도로 간단합니다. 어려운 점은 전혀 없죠. 척추 만곡증 같은 증상으로 어려움을 겪고 있는 사람이든, 아프리카의 한 마리 야생 동물처럼 유연하고 날랜 몸을 가진 사람이든 누구에게나 필요한 자세입니다. 이집트 자세라는 이름은 고대 이집트의 거대 석상에서 나왔습니다. 수세기 동안 관광객이나 박물관 관람객들의 감탄 어린 시선을 받고 있는 그 석상들 말입니다.

　이건 어디서든 가능합니다. 교통체증에 갇혀 있든, 컴퓨터 앞에 앉아 있든, 만원 퇴근 지하철에 서 있든, 잘 가는 카페에서 샌드위치를 먹고 있든 상관없습니다.

오전 7시 2분 출근길 지하철 안에서 이집트 포즈 연습을 처음으로 시작한다고 합시다. (지하철로 출근하지 않는다면 버스든 승용차든 다 좋습니다.) 그 날은 5분 정도 먼저 나오십시오. 차에 올라타기 전에 약간의 준비 운동을 하도록 합시다. 그렇게 하지 않으면 결심을 다 잊어버리고 평소처럼 주변 사람들과 신경전만 벌이게 될지 모르거든요.

평소보다 발걸음을 조금 천천히 하십시오. 자신의 호흡을 관찰하고 좀더 깊고 길게 하십시오. 하늘을 올려다보며 구름이 어떤지, 태양은 밝게 떠 있는지 살펴보십시오. 주변도 둘러보십시오. 전에는 한번도 알아차리지 못했던 것들, 이를테면 낡은 은색 담장에 햇살이 황금빛으로 반사되는 모습을 관찰하는 겁니다. 골목길 교회 지붕에 장식된 조각은 어떻게 생겼습니까? 노란 꽃이 심어진 길가 화단이 보입니까?

좋습니다. 이제 지하철 입구에 도착했군요. 다른 사람들은 모두들 바쁜 걸음으로, 아니 심지어 뛰면서 플랫폼으로 향하고 있지요? 그런 모습은 무시하십시오. 당신은 다른 박자에 맞춰 걷고 있는 중이니까요. 다른 사람들이 움직이는 속도에 신경 쓸 필요는 없습니다. 여기저기 한눈을 팔면서 거북이처럼 느릿느릿 걷는 겁니다.

계속 그렇게 걸어가십시오. 뒤따라오는 사람들이 투덜거리며 발뒤꿈치를 툭툭 건드린다고요? 그럼 어서 앞서가게끔 배려해 주십시오. 같이 뛰고픈 충동을 억눌러야 합니다. 그런 충동이 아주 클 겁니다.

일단 열차에 올라타고 난 후에는 평소처럼 신문을 뒤적거리지 마십시오. 자리를 찾아 앉으십시오(자리가 없다면 '5부. 어디론가 가고 있는 시간을 위해' 편을 보십시오). 이제 이집트 자세를 연습할 준비가 끝났습니다. 앉는 방법은 두 가지 중 하나를 선택하면 됩니다. 하나는 엉덩이를 의자 등받이까지 깊숙이 짚어 넣어 등받이에 등을 기대는 것이고 다른 하나는 의자 중간 정도 깊이까지만 앉고 등을 기대지 않는 것입니다. 마음에 드는 쪽으로 하십시오.

두 발은 무릎과 수직을 이루는 위치에 둡니다. 발을 단단히 바닥에 고정하십시오. 손은 무릎 위에 편안하게 두십시오. 가방이 있다면 가방을 무릎에 올리고 그 위에 손을 두면 됩니다. 가방이 무거우면 무릎 사이에 내려놓으십시오.

이제 두 눈을 감습니다. 눈을 감고 있기가 불안하다면 뜨고 있어도 좋지만 이 경우 무언가에 초점을 맞추지 말고 부드러운 시선을 유지해야 합니다. 다른 승객과 눈이 마주치는 일은 피하십시오. 다른 사람을 유심히 관찰해서도 안 됩니다. 자, 그럼 심호흡을 시작합니다. 호흡이 바로 배에서 나오는지를 확인하고 느끼십시오. 한

숨과 함께 숨을 내뱉도록 하십시오. 걱정할 것은 없습니다. 아무도 당신 숨쉬는 소리에는 관심이 없을 테니까요.

 의자와 맞닿아 있는 당신의 엉덩이를 느껴 보십시오. 고약한 유행에 따라 강철처럼 단단한 고무 속옷을 입고 있는 여성이라면 이런 느낌을 가지기가 좀 어려울 겁니다. 엉덩이가 큰지 작은지, 살이 많은지 적은지에 대해 아무런 판단도 내리지 않을 수 있는지 확인하십시오. 물론 쉽지는 않을 겁니다. 상상해 보십시오! 엉덩이에 살이 하나도 없다면 우리는 앉아 있을 수가 없습니다. 골반 아래 튀어나온 짧은 뼈 위에 몸을 싣고 비틀거리며 균형을 잡지 못할 테니까요. 자, 그러니 의자 위로 느껴지는 엉덩이 살은 얼마나 고마운 존재입니까!

 머리 꼭대기 부분도 의식하십시오. 앉은 자세 그대로 머리를 부드럽게 위쪽으로 잡아당긴다고 생각하면서 등의 척추를 길게 늘이십시오. '길게 늘이다'라는 표현은 군대식의 경직된 자세를 의미하는 것이 아닙니다. 등은 본래 약간 구부러져 있습니다. 등을 위쪽으로 늘이면서 그 굽은 모양을 느껴 보십시오. 턱 근육을 부드럽게 풀고 목도 이완된 상태인지 확인하십시오. 긴장할 필요는 없습니다.

 다리를 꼬아서는 안 됩니다! 습관적으로 다리를 꼬는 사람은 그 충동을 이겨내기 어렵습니다. 발에 살짝 힘을 주면 도움이 될 것입니다. 발뒤꿈치와 발바닥, 발가락 앞쪽 모두에 힘을 가하십시오.

한쪽 발에 다른 쪽보다 더 많은 무게가 실리지는 않았는지 확인하십시오. 균형을 이루어야 합니다.

숨을 들이마시면서 상체의 미묘한 움직임을 관찰하십시오. 척추가 약간 들릴 것입니다. 어깨도 함께 들리는 것 같으면 아래쪽으로 내리십시오. 숨을 내쉴 때는 상체가 어떻게 아래로 내려가는지 살펴보십시오. 숨쉬면서 관찰을 계속해야 합니다. 꼿꼿하게 앉아있지 말고 열차가 흔들리는 것에 맞춰 몸이 움직이도록 하십시오. 척추에 부드러움과 유연성을 부여하는 겁니다.

등받이에 등을 대고 있다면 견갑골을 뒤쪽으로 부드럽게 젖힙니다. 계속 심호흡을 해야 합니다. 얼굴 근육도 이완시키십시오. 이미와 눈 주위, 입 주위의 근육을 부드럽게 유지하십시오.

수수께끼에 싸인 듯한 스핑크스의 침착한 모습을 마음속에 떠올려 보십시오. 수십 세기의 세월을 건너뛰어 그 불가해한 세계로 들어가는 듯한 느낌이 들 것입니다. 당신은 뉴욕 메트로폴리탄 예술박물관에 있는 고대 이집트 여왕 하트셉수트의 붉은 화강암 상처럼 고요하고 단단한 존재입니다. 여왕의 석상은 기원전 1,500년경에 만들어졌지요.

서서히 당신은 주위를 거의 인식하지 못하게 되는 놀라운 순간을 경험할 겁니다. 주위 사람들이 도저히 방해할 수 없게 되는 거죠. 발 밑에서 나일 강의 물 소리와 뱃사공의 노 젓는 소리까지 들려올지 모릅니다. 물론 시작하자마자 이런 성과를 거둘 수는 없습니다. 다른 기법과 마찬가지로 이 역시 노력과 시간, 그리고 건강한 유머 감각을 필요로 하니까요.

　축하합니다! 이제 당신은 이 책이 선사하는 고요의 세계에 발을 들여놓은 셈입니다.

의학적 조언: 지나침은 금물

마음의 고요를 찾기 위해 이 책에서 소개하는 다양한 기법들은 누구나 어디서든 할 수 있는 종류의 정신적인 훈련입니다. 스트레칭은 아주 쉽고 안전합니다. 더할 나위 없이 건강하고 유연한 사람이든, 뼈가 약해진 65세 노인이든 문제없이 해낼 수 있을 겁니다.

물론 좋은 것도 지나치게 하면 문제가 될 수 있습니다. 고통을 느낄 정도까지 스트레칭을 해서는 절대 안 됩니다. 편안한 수준을 넘지 않도록 하십시오. 일부에서는 '고통이 없으면 얻는 것도 없다(no pain, no gain)'라는 신조를 운동에까지 굳이 적용하려는 안

타까운 경향을 보이고 있습니다. 스트레칭 중에 고통을 느낀다면 그것은 몸이 전달하는 중요한 메시지로 받아들여야 합니다. 양보가 필요하죠. 스트레칭의 강도를 낮추든지, 일단 중지하든지 말입니다. 몸에 적합하도록 스트레칭 수준을 조정하도록 하십시오. 얼굴을 찌푸리며 억지로 고통을 참다가는 정말 크게 다치게 될지 모릅니다.

혈압이 높아서 늘 약을 복용하고 있습니까? 그렇다 해도 이 책의 모든 기법을 다 익힐 수 있습니다. 믿고 따르다 보면 결국 일상생활이 전반적으로 편안해지는 것을 느끼게 될 겁니다. 정말로 혈압이 내려가 약 복용량을 줄이게 되는 결과를 얻을지도 모릅니다. 하지만 복용량을 조절할 때는 의사와 의논하도록 하십시오.

의학적으로 주의를 요하는 상태에 있는 경우에는 몇 가지 사전에 알아두어야 할 점이 있습니다.

혈압이 높지만 약을 복용하지는 않는 상태입니까? 그렇다면 머리가 심장 아래로 내려갈 정도까지 몸을 구부려야 하는 스트레칭은 건너뛰십시오. 예를 들어 4부의 '카페인 대체물: 활기를 유지하는 비결'에 소개되는 앞으로 구부리기 스트레칭은 이런 분에게 맞지 않습니다.

당뇨 증세가 있다면 약 복용 여부를 막론하고 머리가 심장 아래까지 내려가는 구부리기 스트레칭을 절대 하지 마십시오. 망막, 녹

내장, 탈장, 심장 부위에 문제가 있는 경우도 마찬가지 주의가 필요합니다.

등이 아프면 어떻게 하냐고요? 그러면 상황이 더욱 복잡합니다. 등 아래쪽에서 느껴지는 만성적인 통증은 알다시피 간단한 문제가 아닙니다. 잘못하면 어떤 종류의 스트레칭이든 거부하게 되어 버릴 수도 있습니다. 스트레칭이 가장 필요한 상황임에도 불구하고 말입니다. 어떻게 해야 좋을지 잘 모르겠다면 의사나 치료사에게 상담을 받도록 하십시오.

등의 통증은 몸을 제대로 다루지 못하고 있다는 표시가 되기도 합니다. 예를 들어 무릎을 뻣뻣하게 편 채 등을 구부려 물건을 들어올리는 버릇이 있다면 늘 등이 아프게 됩니다. 어쩌면 나쁜 자세의 결과이기도 합니다. 하루종일 구부정한 자세로 컴퓨터 앞에 앉아 있다면 이렇게 되죠. 이럴 때 적절한 스트레칭은 깜짝 놀랄 정도로 등의 통증을 완화시킵니다.

찌르는 듯 날카로운 등의 통증은 근육 경련 때문일 수도 있습니다. 그런 극심한 통증이 지나가고 나면 부드러운 운동을 포함해 일상 생활을 다시 계속하는 것이 바람직합니다. 그게 바로 치료죠. 부드러운 운동을 규칙적으로 계속한다면 그런 통증이 찾아오는 빈도가 확실히 줄어들게 됩니다. 여기서 부드러운 운동이란 테니스나 장거리 사이클링, 마라톤 같은 것을 의미하지 않습니다. 아무리 그런 운동이 좋다 해도 등에 해로운 만큼 삼가야 합니다.

모든 사람은 서로 다른 등을 가지고 있습니다. 그러니 무엇이 자기 등에 잘 맞는지를 찾아내야 합니다. 등의 통증은 과거에 입은 상처 때문입니까? 그랜드 피아노를 옮기다가 그렇게 된 것인가요? 아니면 디스크 증상입니까? 척추 디스크가 신경을 누르는 것은 아닙니까? 증세에 따라 금해야 할 운동과 권장 수준이 다릅니다. 전문가와 상담이 필요한 것이지요.

최근에 수술을 받았습니까? 이 경우에도 의료적 상담을 권합니다.

2부
아침 시간을 위해

시계의 알람이 울리기 시작할 때:
'아, 나는 살아 있다!'

 하루 중 가장 놀랍고도 신나는 일은 바로 아침마다 우리가 잠에서 깨어나는 것입니다. 이건 당신이 살아 있다는 표시지요! 긴 밤 내내 아무런 노력을 기울이지 않았음에도 불구하고 당신의 온 몸은 아무 문제없이 정상적으로 움직여 주었습니다.
 심장은 끊임없이 뛰었고 폐는 공기를 들이마셨다가 내뿜으면서 충분한 양의 산소를 혈관에 공급했습니다. 당신의 골수는 적혈구와 백혈구를 생산해주었고 뇌는 몸 구석 구석의 신경에 전기 화학적 메시지를 전달했습니다. 수억 개에 달하는 온 몸의 세포들은 효율적으로 양분을 빨아들이고 노폐물을 배출하며 바쁘게 움직이고 있습니다. 당신이 꿈나라를 헤매고 있을 때 일어나는 놀랍고도 복잡한 활동은 책 몇 권 분량으로도 다 설명하지 못할 것입니다.

무언가 일이 제대로 안 될 때 불평하기는 쉽지만 지극히 당연한 것으로 받아들이는 것들을 상기하기란 참으로 어렵습니다. 그럴 때 내뱉는 한마디 '아, 나는 살아있다!'는 순식간에 균형을 찾아줄 것입니다. 아침을 어떻게 시작하는가는 그 날 하루를 어떤 기분으로 살아갈 것인가에 지대한 영향을 미칩니다. 그렇다고 윗몸 일으키기 같은 걸 권유할 생각은 없으니 걱정 안 해도 좋습니다. 그저 감사하는 습관만 들이면 됩니다. 하지만 그러자면 전날 저녁부터 준비를 좀 해야 합니다.

알람 시계를 평소보다 2,3분 당겨서 맞춰 두십시오. 고요한 아침 시간을 얼마간 보내겠다는 마음의 결심을 하십시오. 잠도 덜 깬 상태에서 교통 방송부터 듣는 버릇이 있다면 당장 버려야 합니다. 라디오를 끄십시오. 눈뜨기 전에 텔레비전을 먼저 켜고 보는 습관도 떨쳐버리십시오. 오늘의 날씨는 조금 나중에 확인해도 됩니다.

함께 방을 쓰는 사람이 있다면 미리 말해 두십시오. 다음 날부터는 몇 분 정도 아침에 중얼 중얼 소리를 내게 될 거라고 말입니다. 밤중에 누가 거리에서 소란을 피워서 화가 났다고요? 불평은 아침 식사 이후로 미루십시오.

어디서 이 연습을 할지 전날 밤에 미리 정해 두십시오. 침대에 누운 채라도 좋습니다. 샤워하면서, 혹은 침실 의자에 앉아서도 가능합니다. (혼자 사는 것이 아니라면 거실 같은 장소나 아침 식사 시간대는 피하십시오. 방해받기 쉽거든요.)

평소 피로를 많이 느끼는 편이라면 먼저 찬 물로 세수부터 하고 명상에 들어가도 좋습니다. 다소 시간 여유가 있는 주말을 택해 시작할 수도 있습니다. 주말에 몇 번 해보고 나면 차차 주중에도 가능해질 겁니다.

밤 시간 동안 온갖 놀라운 일이 몸 속에서 일어나긴 했지만 우선 심장에 대해서 집중해 봅시다. 우선 깊고 긴 심호흡을 몇 번 하십시오. 의자에 앉은 자세라면 척추를 길게 늘이고 어깨를 이완시킵니다. 누워 있다면 등 아래가 편안하게 지탱되도록 하십시오. 무릎 아래 베개를 대고 눕는 것도 좋습니다. 자신에게 가장 편한 자세를 찾아야 합니다.

심장이 해낸 일을 생각해 봅시다. 심장은 밤새도록 쉬지 않고 뛰어주었습니다. 우리 몸에서 가장 강력한 이 근육 덩어리는 정말이지 놀라운 능력을 가지고 있습니다. 팽창했다 수축했다 하면서 계속 움직이는 것입니다.

당신이 공원에서 롤러 블레이드를 타고 있을 때나, 오페라 공연장에서 졸고 있을 때나 심장은 변함없이 우리 몸을 보살핍니다. 할

인 행사장에서 미친 듯이 물건을 주워담을 때도, 맛있는 중국 요리를 먹을 때도 우리 몸의 이 에너지원은 쉴새없이 일하고 있습니다. 발리에서 보내는 멋진 휴가를 꿈꾸고 있을 때나, 끔찍한 악몽에 시달릴 때에도 마찬가지입니다. 당신이 전혀 알아주지 않는 그 순간에 심장은 충성스럽게 할 일을 다합니다. 계속해서 온 몸에 신선한 피를 공급하면서 말입니다.

우리 몸 속에 자리잡은 이 놀라운 존재에 대해 생각해 보면 감사하지 않을 수 없습니다. 이 작은 조직의 무게는 1파운드에 불과합니다. 크기는 불끈 쥔 주먹 정도라고 합니다. 야구공이나 오렌지 크기라고 말하기도 하죠. (물론 개개인의 체격에 따라 심장 크기는 조금씩 다릅니다.) 어떻든 크기에 비해서는 엄청나게 강력합니다. 하루에 무려 2천 갤론에 달하는 혈액을 처리하죠.

정말 놀랍지 않습니까? 이 근육은 우리의 뇌와 뼈, 근육, 각 기관에 빠짐없이 혈액을 흘려 보내줍니다. 그 결과 수조 개에 달하는 세포들이 산소와 영양분을 계속 공급받을 수 있습니다. 지난 밤에 여덟 시간 동안 잠을 잤다면 그 동안 심장은 2만 9천 번 정도 뛰었을 겁니다. 지금 당신이 32세라면 이제까지 심장이 10조 회 이상 뛴 셈입니다.

심장 박동은 계단을 달려 올라갈 때는 빨라지고 졸고 있을 때면 느려집니다. 사랑하는 사람이 문간에 나타난다면 마구 쿵쾅거릴

테고요. 심장은 당신의 가장 믿음직한 친구로 절대 배신하지 않습니다.

깊고 긴 숨을 쉬어 보십시오. 당신의 심장을 대견하게 여기고 마음으로나마 그 어깨를 두드리며 칭찬해 주십시오. 심장은 그런 대접을 받을 자격이 있습니다. 아무리 힘들고 어려운 일은 앞두고 있다 할지라도 심장에게는 감사해야 마땅합니다. 바로 그 심장이 지난 밤에도 훌륭히 자기 역할을 해냈습니다. 이 뛰어난 기관의 나무랄 데 없는 성취를 기리며 감사의 순간을 가지도록 합시다.

새로 열린 아침에 이토록 건강하다는 것, 얼마나 큰 축복이고 선물입니까.

샤워하기:
부드럽고 안전한 척추 스트레칭

잠에서 깨어났을 때 몸이 어떻게 느껴지나요? 충분히 부드럽고 유연합니까, 아니면 오즈의 마법사에 나오는 양철 인간처럼 뻣뻣하고 경직되어 있습니까? 어떤 경우든 간에 샤워하면서 등을 스트레칭할 필요가 있습니다. 시간이 없다고요? 물론 당연히 어서 밖으로 달려나가 사방에 득시글거리는 괴물들과 맞서 용감히 싸워야 하겠죠. 하지만 이 스트레칭은 아무리 오래 걸려도 3분이면 충분합니다. 그리고 충분히 그 정도 시간을 투자할 가치가 있습니다! 생기 넘치는 활발한 모습을 갖는데 유연한 척추만큼 중요한 것도 달리 없습니다.

우선 조심할 점이 있습니다. 에나멜 재료로 만들어진 욕조에 들어가 있나요? 그럼 운동을 시작하기 전에 반드시 욕조 바닥에 고무 깔개를 깔아두어야 합니다. 아직 고무 깔개가 없다고요? 그럼 어서 하나 장만하십시오. 이것은 이 책에서 요구하는 유일한 물질적 준비물입니다. 고무 깔개가 마련되기 전에는 절대 여기 소개하는 스트레칭을 하지 말기 바랍니다.

이 책은 방수 처리가 되어 있지 않은 만큼 샤워할 때 가지고 갈 수 없습니다. 그러니 사전에 충분히 읽고 방법을 숙지하십시오. 운동을 시작하기 전에 먼저 따뜻한 물로 등을 씻어주어야 한다는 점을 잊지 마십시오.

늘 하던 대로 아침 샤워를 하십시오. 몸을 씻고 머리를 감고 노래를 부르고 말입니다. 그리고 뒤돌아서서 등에 더운물이 부드럽게 쏟아져 내리도록 하십시오. 몇 분 후면 잠에 취해 있던 척추가 기분 좋게 깨어날 겁니다. 등 근육을 어루만지는 물살을 느껴 보십시오.

이제 몇 가지 간단한 스트레칭을 할 차례입니다. 두 다리를 굳게 디디고 섭니다. 두 발은 엉덩이 넓이만큼 벌리고 발끝이 앞을 향하도록 합니다. 팔은 자연스럽게 옆에 늘어뜨립니다. 이제 척추를 길게 늘이도록 합시다. 위쪽으로 몸을 점점 길어지는 동안 어깨는 이완 상태를 유지해야 합니다. 다음으로는 상체를 옆으로 부드럽게 구부립니다. '부드럽게'라는 표현은 아주 천천히, 자연스럽게 하라는 뜻입니다. 억지로 힘을 주지 마십시오.

당신도 나처럼 성격이 급해서 서론이나 인사말 따위는 생략하고 본론부터 읽는 유형입니까? 이 책 역시 그렇게 읽기 시작했다면 1부에 있는 '마음의 고요를 찾기 위한 방법: 다섯 가지 재료 소개' 편으로 되돌아가 스트레칭 방법에 대한 설명을 읽도록 하십시오. 이 책에 소개되는 스트레칭에는 나름대로 방법이 있습니다. 마구잡이로 하다가는 오히려 스트레스만 받게 될 겁니다. 이건 우리가 스트레칭을 통해 얻고자 하는 결과와는 정반대되는 것입니다.

옆으로 구부리기를 계속하십시오. 왼쪽 엉덩이를 약간 더 왼쪽으로 내밀어 보십시오. 그러면서 상체는 오른쪽으로 구부러집니다. 오른쪽 귀가 오른쪽 어깨에 닿을 듯이 내려가야 합니다. 목에 힘을 빼십시오. 호흡도 참지 말고요. 서서히 정중앙 위치로 되돌아온 다음에는 반대편으로 구부리기를 합니다. 이번에는 오른쪽 엉덩이를 오른쪽으로 빼고 상체를 왼쪽으로 구부려야죠.

몇 번 해 본 다음에 팔 스트레칭을 덧붙입니다. 오른쪽으로 상체를 구부리면서 왼쪽 팔을 높이 쳐들고 손가락도 천장 쪽으로 뻗습니다. 왼쪽 갈비뼈 부근이 당겨지는 것이 느껴집니까? 갈비뼈들 사이사이에 더 많은 공간을 준다고 생각하십시오. 갈비뼈가 마치

철사처럼 고정되어 있다고 생각하는 건 아니겠죠? 갈비뼈 사이에는 근육이 있고 그래서 호흡에 따라 공간이 늘어났다 줄어들었다 합니다. 근육이 열리고 늘어나는 모습을 상상해 보십시오.

왼쪽을 길게 늘인다고 생각하면서 다시 한번 오른쪽으로 상체를 구부립니다. 오른쪽 팔은 옆으로 늘어뜨립니다. 어깨나 목이 경직된 상태에서 스트레칭하지 않도록 주의하십시오. 목이 뻣뻣하다는 느낌이 들면 천천히 부드럽게 돌리면서 풀어 주십시오. 턱과 얼굴의 근육을 이완시키십시오. 그리고 정중앙 위치로 돌아간 후 반대 방향에서 같은 동작을 반복합니다. 양쪽으로 다섯 번 정도씩 구부리기를 하십시오. 단, 반드시 '아주 천천히' 해야 합니다.

이제 무릎 운동을 해봅시다. 엉덩이 넓이로 발을 벌리고 서서 천천히 무릎을 구부렸다 폈다 합니다. 야구장에서 포수가 하듯 깊이 앉을 필요는 없습니다. 편안하게 하십시오! 어느 정도 내려가면 좋을지 하는 지침은 다음과 같습니다. 벽에 등을 대고 서서히 미끄러져 내려간다고 상상하십시오. 그러면 한 5,6 인치 정도 내려가는 것이 고작일 겁니다.

그 상태에서 아래를 내려다보십시오. 무릎이 정확하게 발끝과 수직선상에 있는지 확인하는 겁니다. 발끝까지 미치지 못한 상태라고요? 오늘 당장 그렇게 만들려고 무리할 필요는 없습니다. 서서히 목표에 접근해 가면 됩니다.

이제 다시 머리를 드십시오. 아주 천천히 무릎을 구부렸다 폈다 반복하십시오. 척추를 길게 늘여야 합니다. 목이 등의 연장선이라 생각하고 너무 앞으로 수그러지거나, 뒤로 젖혀지지 않도록 하십시오. 어깨도 편안히 하고 호흡을 계속하십시오. 대여섯 차례 반복하면 됩니다. 무릎에 통증이 느껴진다면 즉시 운동을 중단하고 다음 단계로 옮겨가십시오.

이제 엉덩이 돌리기 차례입니다. 무릎을 약간 구부린 채로 엉덩이를 오른쪽, 뒤쪽, 왼쪽, 앞쪽으로 돌립니다. 훌라후프 돌리던 기억이 납니까? 바로 그 동작을 하면 됩니다. 엉덩이를 돌려 원을 그린다고 생각하십시오. 보는 사람은 아무도 없으니 남의 시선을 걱정할 필요도 없습니다. 몇 번 원을 그린 다음에는 방향을 바꾸어 반복하십시오. 그 동안 무릎은 계속 구부린 상태를 유지해야 합니다!

자, 이제 아침 샤워 시간의 스트레칭이 끝났습니다. 차나 버스, 지하철을 타러 가는 길에 척추가 어떤지 한번 느껴보십시오. 기분은 어떻습니까? 아마 발걸음이 조금은 더 활기 있어 졌을 겁니다. 유쾌한 기분이 들지도 모르고 하루 종일 불쑥 불쑥 등을 스트레칭 하고 싶어지는 중독 증세가 나타날 수도 있습니다.

여기까지는 아주 성공적입니다. 계속 앞으로 나가 봅시다.

벌써 속도를 내기 시작했다면: 행동을 늦추기

오늘 아침에는 당신이 얼마나 급하게 해야 할 일들을 해치우는 편인지 좀 살펴봅시다. 미친 듯이 샤워를 끝내고 욕실에서 뛰쳐 나왔나요? 지금 올림픽 경기를 치르고 있는 것이 아닙니다. 그렇게 전속력을 내야 할 필요는 없습니다. 객관적인 제 3자의 눈으로 자기 모습을 살펴봅시다. 방마다 카메라가 설치되고 일거수 일투족이 녹화되어 비쳐지는 텔레비전 프로그램처럼 말입니다.

기록적인 속도로 비누칠을 끝냅니까? 욕실에서 침실까지 한달음에 달려가나요? 옷장에 걸려있는 셔츠를 단숨에 낚아채 몸에 걸칩니까? (여기까지의 질문에서 자신에게 해당되는 것이 하나도 없었다면 이 부분을 뛰어넘어 다음 장으로 가도 좋습니다.) 계속해서 자기 모습을 관찰하십시오. 가방에 필요한 서류를 집어넣는 동작은 어떻습니까? 커피를 들이키는 모습은요?

단언하건대 그 모든 동작은 훨씬 더 천천히 해도 됩니다. 그렇다고 시간이 더 걸리는 것도 아닙니다. 어쩌면 오히려 시간이 더 절약될 수도 있습니다. (이 장 끝 부분에서 그 이유를 알게 될 겁니다.) 좀 더 차분한 태도를 가지는 편이 어떻습니까?

우리도 지각 판(tectonic plate)처럼 움직여 봅시다. 이건 행동의 속도를 낮추는데 아주 효과적인 방법입니다. 단 2분만 시간을 내십시오. 의자에 앉아 이집트 자세를 취합니다. 그리고 천천히 심호흡을 하십시오. 학교에서 지리를 배웠던 일이 까마득할테니 잠시 설명을 해야겠군요. 지구의 표면층은 늘 붕괴되거나 새로 만들어지는 과정 중에 있습니다. 지각 판이라고 하는 조각들이 용융된 상태의 물질 위를 떠다닙니다. 판들은 서로 맞닿게 되기도 합니다. 테니스공의 각 부분이 연결된 모습을 상상하면 이해가 쉬울 겁니다. 그 잇닿은 부분에서 액체 상태의 물질이 분출되는 경우도 있습니다. 때로는 맞닿아있던 판들이 분리되어 멀어집니다. 부서지기도 하고요.

이러한 활동의 결과로 대륙의 위치는 변화합니다. 물론 그 속도는 아주 아주 느리지만 말입니다. (먼 과거에 세계의 모습은 오늘날과 전혀 달랐습니다.) 현재 대서양은 넓어지고 태평양은 좁아지는 중입니다. 북미는 조금씩 서쪽으로 옮겨가고요. 자, 호흡을 계속하십시오. 길고 깊은 호흡을 해야 합니다.

지금 이 순간 바로 당신의 발 아래에서 그 놀라운 지질학적 변화가 일어나고 있습니다. 과학자들은 대서양이 매년 3/4 인치씩 넓어진다는 계산 결과를 내놓았습니다.

벌써 답답한 느낌이 듭니까? "지질학에서 교훈을 얻을 시간이 어디 있어! 난 어서 일어나 나가야 한단 말야!"라고 투덜거리게 되나요? 그럼 몇 번 더 심호흡을 하고 이 연습을 계속하십시오. 그럼 좀더 침착하고 신중한 모습으로 하루를 시작할 수 있을 겁니다.

이제 의자에서 일어나 차분하게 움직이며 다음 일로 넘어가십시오. 침실로 걸어 들어가야 합니까? 그럼 절반까지만 가서 멈춰선 후 심호흡을 하십시오. 발 밑에서 일어나는 신비스러운 변화에 대해 생각하십시오. 아주 천천히, 하지만 끊임없이 자기 모습을 변화시키는 지구라는 행성을 기억하십시오.

부엌으로 가는 중이라고요? 마찬가지로 몇 걸음 간 후에 멈춰서십시오. 1초만 멈춰 있으면 됩니다. 몇 번 숨을 더 쉬십시오. 지질학적으로 생각하십시오. 물론 지질 판은 생각 같은 걸 하지 않겠지만요. 하지만 만약 생각을 할 줄 알았다면 아주 장기적인 관점을 가졌을 겁니다. 당신 앞에 놓인 모든 일들을 지질학적 시간 개념에 따라 생각해 봅시다. 1분이란 상상하기도 어려울 정도로 짧은 시간입니다. 하루 역시 마찬가지입니다. 최소한 천년 정도는 되어야 어느 정도 의미를 가지게 될 겁니다. 정식으로 이야기를 풀어가자면 백만 년 정도가 적당한 기준입니다. 그러니까 2백만 년 전에는 모든 대륙이 하나의 거대한 육지 덩어리로 붙어 있었지요. 그런데 백만 년 전에 변화가 일어나기 시작했습니다…….

작은 실험을 해 봅시다. 평소 후딱 해치우던 일을 하나 고르십시오. 예를 들어 샤워가 그렇다고 합시다. 속도를 늦춰 보십시오. 물론 값비싼 온천에서의 우아한 거품 목욕 수준까지 갈 필요는 없습니다. 대신 좀 더 행동을 의식하면서 몸을 씻으면 어떨까요? 서둘러 다리에 네 번 스펀지를 대는 대신 단 한번으로 끝낼 수도 있습니다! 사하라 사막의 모래 폭풍 속에서 하룻밤을 지낸 것도 아니니 그렇게 빡빡 문지를 필요는 없습니다.

속도를 조금 늦춘다면 실제로는 시간이 더 절약된다는 것을 곧 깨닫게 될 겁니다. 자그마한 실수들이 줄어들기 때문이죠. 비누칠을 좀 천천히 한다면 비누방울이 엉뚱한 곳으로 튀는 경우가 줄어듭니다. 비누 통을 엎는 실수 따위도 없을 겁니다. 바쁘다보면 그런 불운한 실수가 자주 일어나지 않습니까? 그런데 그런 작은 실수들은 아주 일상적으로 발생합니다. 너무 흔해서 미처 제대로 인식조차 못할 정도죠. 하지만 그럼에도 불구하고 그 실수는 하루를 시작하는 당신의 기분에 영향을 미칩니다.

그런 작은 실수들은 아주 끔찍한 결과를 낳습니다. 당신이 한층 더 서둘러 움직이게끔 만들거든요. 스스로 바보스럽다는 생각도 하게 됩니다. (하루를 출발하는 방법으로는 최악입니다.) 서둘러 끝낸 일이 결국 시간이 더 많이 잡아먹는 문제로 끝나는 경우도 자주 있습니다. 우유나 물을 엎지르게 되는 일이 그렇습니다. 그걸 닦아내느라 금쪽 같은 몇 분을 써야 하죠.

호흡을 계속하십시오. 다른 식으로 아침 일과를 처리해 보십시오. 찬장에서 커피 잔을 꺼내 커피를 따르는 일을 생각해 볼까요. 좀 더 천천히 해 봅시다. 계속 심호흡을 하면서 말이지요. 컵이 손에 닿았을 때의 느낌을 인식하십시오. 찬장에서 잔을 꺼낼 때 어깨와 목의 움직임은 어땠습니까? 부드럽게 컵을 식탁 위에 내려놓으십시오. 천천히 커피를 따릅니다. 흰 테이블보에 한 방울도 흘리지 않기 위해 갖은 정성을 다하는 고급 식당의 웨이터라도 된 듯한 기분을 가져 보십시오.

눈에 보이지 않을 정도로 느린 속도지만 끊임없이 움직이는 지질판을 생각하십시오. 당신도 침착하게, 고요하게 움직이는 겁니다. 심호흡을 하면서 말입니다. 조금 덜 서두르는 상태가 어떤 느낌을 주는지 충분히 즐기십시오. 🌿

현관을 벗어나기 전:
3분 동안의 정신 집중

　조용한 곳에 자리잡고 앉습니다. 이집트 자세를 하고 길고 깊은 호흡을 시작합니다. 하루를 시작하면서 우리가 가지게 되는 착각에 대해 생각해 봅시다. 출퇴근 과정에서 당신이 통제할 수 있는 부분이 얼마나 될까요? 솔직한 대답은 '그리 많지 않다'일 겁니다. 예상치 못했던 일이 자주 벌어지기 때문입니다. 관광객 무리가 길을 건너느라 한동안 교통이 정체될지도 모릅니다. 화물차 운전사의 실수로 고속도로에 사과 수천 개가 떨어져 구를 수도 있습니다. 철로에 고드름이 맺혔을 가능성도 있습니다.
　이런 '빌어먹을' 일은 자주 일어납니다. 그리고 외부적인 사건을 통제하거나 변화시킬 수 있다고 생각할 때 우리는 어려움에 빠지고 맙니다. '샛길로 가야겠다.' '옆 차선이 좀 빠르니까 차선을 바꿔야겠다.' '역장에게 가서 따져야겠다' 등등 여러가지 해결책이 순식간에 머리 속에 떠오르겠죠. 하지만 이런 해결 방식은 별 효과를 거두지 못합니다. 당신에게는 주변에서 일어나는 일을 변화시킬만한 힘이 없는 겁니다.

이제부터는 그런 반갑지 않은 사건이 일어났을 때 호흡을 하십시오. 흥분했을 때는 심호흡 생각이 나지 않고 곧장 욕설부터 나올지 모릅니다. 호흡 따위는 우스꽝스러운 것으로 보일 수도 있습니다. 물론 숨쉬는 일에 관한 한 당신은 누구 못지 않은 전문가입니다. 지금 우리는 당신이 늘 하고 있는 일에 대해 새삼스레 이야기하고 있는 셈이지요. 왜 숨쉬기 계획 따위를 세워야 하는 걸까요? 이제까지 살아온 대부분의 세월 동안 당신이 전혀 다른 방법으로 호흡을 해왔기 때문입니다. 당신은 이미 모든 소소한 일상생활에까지 나름의 습관을 가지고 있습니다. 어금니부터 칫솔질을 시작한다든지 홍차 티백은 두 번만 흔들고 꺼낸다든지 하는 등으로 말입니다. 그러니까 나름의 호흡 습관을 가지고 있는 것도 당연합니다.

그 습관을 바꾸어 주려면 조금 집중을 해야 합니다. 하루 2만5천 번에 달하는 호흡을 몽땅 바꾸라는 것은 아니니 일단 안심하십시오. 그저 가능성을 늘리고 새로운 기술을 익히는 것뿐입니다. 출퇴근 시간 중에 때때로 다른 방식으로 숨쉴 수 있게 만들어 놓는 거죠.

호흡 방식을 바꾸는 것은 그다지 힘들지 않은 일입니다. 마음에 드는 부분이죠? 하지만 그래도 계획은 필요합니다. 계획을 해야 그 일이 실제로 일어날 가능성이 커지기 때문입니다. 바닷가로 이사할 생각입니까? 정말로 깨끗한 바다가 보이는 작은 도시에서 살고 싶은가요? 그렇다면 그 꿈을 이루는 계획을 세우십시오. 적당한 직장이 있을지, 지금 사는 집을 처분하려면 어떻게 해야 할지 말입니다. 이삿짐 센터도 찾아보아야겠군요.

호흡 습관을 바꾸려 해도 계획이 필요합니다. 간단한 3단계 계획을 알려 드리겠습니다.

첫째, '지금 숨을 쉬고 있습니까? : 실제적인 조언들' 편에서 소개한 횡경막 호흡을 연습하십시오.

둘째, 호흡하기에 좀더 편한 옷을 골라 입도록 하십시오. 그렇다고 새 옷을 살 필요는 없습니다. 꽉 조이는 허리띠를 좀 느슨하게 하는 정도면 됩니다. 출퇴근 시간에만 허리띠 눈금을 왼쪽으로 약간 옮겨주는 거지요. 걱정할 필요는 없습니다. 아무도 눈치채지 못할 테니까요.

셋째, 출퇴근길에 마주치는 것 몇 가지를 호흡 단서로 미리 정해 둡니다. 어떤 광경이나 소리를 심호흡 계기로 삼는 거지요. 예를 들면 자동차 경적 소리, 병원 구급차의 사이렌 소리, 붉은 신호등

같은 것이 있습니다. 단서는 단순하고 분명해야 합니다. 그리고 자신의 출퇴근 상황에 맞추어 선택하십시오. 혼잡한 고속 도로를 따라 달리고 있다면 앞차의 붉은 브레이크 표시등이 좋은 단서가 되어줄 겁니다. 시내에서 운전한다면 붉은 신호등이 좋습니다. 단서가 너무 잦거나 너무 드물지 않도록 하십시오. 이런 이유로 초록색 차나 검은색 차는 적절한 단서가 되지 못합니다.

이 게임에서 또 한가지 기억할 점은 몸에 열이 나기 시작하는 시점에 단서가 보여야 한다는 것입니다. 저 앞쪽으로 차들이 잔뜩 몰려 움직이지 못하고 서있는 모습이 눈에 들어왔다고 합시다. 그럴 때 '이런 빌어먹을, 또 정체군'이라는 생각 대신 '아, 호흡할 시간이야!'라고 깨달을 수 있게 해 주어야 합니다.

단서를 혹시 잊어버리고 지나쳤다고 해서 스스로에게 화를 내지는 마십시오. 새로운 습관이 자리잡자면 시간이 걸리는 법이거든요. 스와힐리어를 배우는 것이나, 평소와 조금 다르게 호흡하는 법을 익히는 것이나 모두 마찬가지입니다. 점차 새로운 습관이 자리잡고 나면 위장이 긴장되고 턱이 뻣뻣해지며 두통이 이는 등의 불쾌한 신체적 경험이 서서히 사라집니다.

자, 이제 누군가 경적을 울려대기 시작한다면 미소를 지으십시오. 다시 호흡 단서가 나온 셈이니까요.

3부
출퇴근 시간을 위해

바퀴 위에서 보내는 4년:
신체적, 정신적 안정

우리는 평균적으로 하루에 한 시간씩을 바퀴 위에서 이동하면서 보냅니다. 1년으로 환산하면 16일에 달하는 시간입니다. 휴가일보다 더 많은 셈입니다.

아직 놀라기에는 이릅니다. 이게 다가 아니거든요. 미국인은 평균 16세부터 65세까지 운전을 합니다. 총 49년이죠. 49년에 16일을 곱하면 약 2년이 됩니다. 평생의 2년을 꼬박 운전석에서 보내는 셈입니다. 이건 경영학 석사 학위를 하나 받을만한 시간이 아닙니까!

대도시에서 살고 있습니까? 그렇다면 매일의 이동시간이 한 시간을 훌쩍 넘어설 겁니다. 매일 평균 출퇴근 시간이 두 시간이라고 합시다. 쇼핑하러 가거나 아이들을 데려다 주고 데려오는 등의 일을 위해 매주 세 시간 정도는 더 쓴다고 보아야겠죠? 거기다가 여름 휴가나 명절 때 움직이는 시간까지 계산한다면 바퀴 위에서 보내는 시간은 아마 4년이 넘을 겁니다. 대학을 하나 끝마칠 만큼의 시간이죠. 이것도 최소한의 최소한을 잡은 결과일 뿐입니다.

시간이 부족하다고 불평했던 적이 얼마나 많았는지 한번 생각해 보십시오. 출퇴근을 귀중한 시간 선물로 인식하면 어떨까요? "아이고, 무슨 훈계람!"이라고 투덜거리기 전에 잠시만 열린 마음을 발휘해 주십시오. 우리가 일에 대해 이야기하는 것이라면 이렇게 다른 의미를 부여하기가 어려울지도 모릅니다. 하지만 이건 출퇴근 시간일 뿐입니다. 차나 전철을 타고 이동하는 시간이 장애물이고 방해라는 생각을 지우십시오. 그리고 그 자체를 목적으로, 기회로 삼는 겁니다.

"출퇴근이 얼마나 끔찍한지 모르시는 모양이군요."라고 항의할지도 모르겠습니다. 자, 그럼 그 끔찍함이 아무리 크다 해도 출퇴근 사실 자체를 바꿔주지는 못한다는 현실을 직시해야 합니다. 결국 당신은 점점 더 화가 나고 짜증스러워질 뿐이지요. 여기서 선택이 가능합니다. 출퇴근 시간을 정말로 오랫동안 고대해왔던 그런 기회로 바꾸는 겁니다.

우선 좀 더 편안한 자세를 만들어야 합니다. 우리 등의 아래쪽, 즉 허리 뒤 부분은 자연스러운 곡선을 그리고 있습니다. 하지만 자동차 좌석은 대부분 이 곡선을 제대로 받쳐주지 못하는 형태지요. 보기에는 편한 듯 하지만 너무 푹신해서 엉덩이나 등을 충분히 지탱할 수 없거든요. 자칫 잘못하면 아래쪽 등이 구부정하게 되어 디스크를 압박하는 상태로 앉아있게 됩니다. 이건 척추에 이상이 생기게 되는 지름길이지요.

등 아래쪽의 이런 압박을 피하려면 어떻게 해야 할까요? 엉덩이를 등받이에 댄다는 기분으로 앉고 척추를 차 지붕 쪽으로 부드럽게 끌어당기십시오. 등을 받쳐줄 쿠션을 하나 마련하는 편이 좋습니다. 인터넷을 검색해보면 등을 받쳐주는 다양한 모양과 크기의 쿠션을 찾을 수 있을 겁니다. 물론 상점에 가서 직접 시험해 보고 사는 것도 좋습니다.

또 정신적인 면에서 편안해지려면 위대한 작곡가나 음악가와 친해지는 것도 좋습니다. 바흐나 그레고리안 성가, 혹은 재즈나 록큰롤은 어떨까요? 아프리카의 북 장단, 고래가 등으로 물을 내뿜는 소리 등 평범하지 않은 음악도 권할 만 합니다. 음악적 지평을 넓혀가다 보면 주위에서 꼼짝 못하고 서 있는 차들에 대해 신경이 좀 덜 쓰일 겁니다.

마음을 가라앉히기 위한 조용한 음악도 많습니다. (교통 체증이 심할 때 특히 효과적입니다.) 동네 음반 가게나 인터넷 사이트에 들어가 그런 음악을 찾아보십시오. 하지만 늦은 밤 피곤한 상태에서 운전하는 경우에는 조심해야 합니다. 너무 편안해진 나머지 깜박 잠이 들어버릴 수도 있거든요. 그럴 때는 활기찬 음악을 선택해야 합니다.

라디오에서 흘러나오는 대로 그냥 듣고 싶은 생각이 듭니까? 물론 훌륭한 음악 프로 진행자가 그럭저럭 마음에 드는 음악만 골라 들려줄 수도 있습니다. 하지만 그건 당신 취향이라고는 할 수 없지요. 당신만의 특징을 감안해 음악을 선택하십시오. 스스로 음악을 고르는 행동 자체가 상황에 대한 통제감을 좀 더 크게 만들어줄 수 있습니다.

음악은 별로라고요? 그렇다면 평소 시간에 쫓겨 읽지 못했던 책들을 접할 기회로 삼는 것은 어떨까요? 이 또한 길바닥 위에서 보내는 수년의 세월을 멋지게 활용하는 방법입니다. 동네 도서관으로 가서 오디오 북을 골라 보십시오. 아니면 여러 친구가 뜻을 합해 각자 마음에 드는 오디오 북을 사서 들은 뒤 교환하는 것도 좋습니다.

이렇게 해서 최신 베스트셀러 소설이나 경영서, 셰익스피어 고전을 독파하는 겁니다. 전에는 전혀 접하지 못했던 새로운 종류의 책에도 도전할 수 있습니다. 우리는 도로의 차량 흐름을 빠르게 만들 수는 없지만 새로운 지적 탐색을 가속화하는 것은 얼마든지 가능합니다. 달라이 라마의 경구를 연구하는 것은 어떨까요.

하지만 꼭 주의할 점이 있습니다. 운전중에 이어폰이나 헤드폰을 사용하지는 마십시오. 잘못하면 경고 경적 소리를 듣지 못해 사고를 낼 수 있거든요. 오디오 북이 안전 운전에 방해가 된다고요? 그럼 오디오를 끄고 날씨가 어떤지, 도로는 미끄럽지 않은지, 너무 빨리 달리고 있는 것은 아닌지 등을 확인하십시오. 다른 방해 요인을 제거하고 운전에만 신경을 집중하는 겁니다. 음악이든 오디오 북이든 소리가 너무 커서 주위 다른 운전자의 경적 소리를 가리는 일이 없도록 해야 합니다. 운전중에는 휴대 전화도 멀리 하십시오. 휴대 전화를 사용하는 운전자는 그렇지 않은 사람에 비해 사고를 당할 확률이 네 배나 높습니다.

바퀴 위에서 보내는 시간을 더 편안하고 즐겁게 만들 당신 나름의 창조적인 방법을 계속 고안해 나가십시오.

교통 체증: 주위 풍경을 감상하기

아마 똑같은 길을 천 번은 지났을 겁니다. 그러니 중간에 지나치는 나무 하나, 상점 하나, 아스팔트에 난 금 하나까지도 다 알고 있다고 생각하겠죠. 하지만 그렇지 않습니다. 아무리 관찰력이 좋은 사람이라 해도 수십 가지는 족히 될 만한 놀라운 일을 아무렇지도 않게 넘겨버리고 있을 겁니다.

다음 번에 교통 체증으로 발이 묶였을 때는 주변을 살펴보십시오. 호기심 어린 시선으로 동네 풍경을 바라보는 겁니다. 물론 셀 수 없을 정도로 여러 번 지나다닌 길입니다. 하지만 그럼에도 불구하고 발견하지 못한 것이 분명히 있습니다. 길 왼편 나무에 나지막하게 붙은 나뭇가지가 왼쪽으로 급하게 구부러졌다는 것을 알고 있나요? 나무 줄기에 매달린 새 둥지에 대해서는요?

당신이 난생 처음으로 미국 구경을 하게 된 모스크바 시민이라면 길가에 선 자작나무 한 그루만 가지고도 하루 종일 감탄하며 이야기할 수 있을 겁니다. (러시아인은 자작나무를 아주 좋아하는 민족인데 자작나무가 오로지 러시아에서만 자란다고 주장하는 사람까지 있더군요.) 하지만 17세기에 살았던 아메리카 인디언이라면 전혀 다른 눈으로 자작나무를 바라보겠죠. 신중하게 줄기의 반점을 살피고 강도와 길이를 어림짐작하여 자작나무 카누 만들기에 적합한지를 판단할 겁니다.

고속도로 가장자리를 따라 이어진 풀밭은 어떻습니까? 중간 중간에 쓰레기가 보이는군요. 하지만 다시 한번 살펴보십시오. 물론 상쾌하도록 푸른 초원은 아닙니다. 하지만 그 지저분한 풀밭 안에도 아름다움이 숨어 있습니다. 풀뿌리의 길이를 측정했던 과학자 이야기가 생각나는군요. 그는 조심스럽게 잔디를 파내 흙을 씻어내린 후 길이를 재 보았다고 합니다. 잔뿌리들을 끝에서 끝으로 이어 재본 결과 길이가 얼마였는지 아십니까? 무려 504킬로미터였다고 하는군요! 그런 믿어지지 않는 결과를 얻어낸 과학자의 호기심이 대단하지 않습니까?

다음 번에 또다시 교통 체증 때문에 짜증이 나게 된다면 저 앞의 '지저분하고 지루한' 풀밭 안에서 끝없이 긴 뿌리를 내리고 있는 풀을 기억하십시오. 또 그 정교한 뿌리들 사이로 열심히 기어다니는 개미 같은 곤충도 기억하십시오. 그건 정말로 활기찬 소우주가 아닙니까?

교통 체증이 야기하는 지루함과 불안감을 지우기 위해 꼭 개미를 떠올려야 하는 것은 아닙니다. 핵심은 당신 주위의 모든 것이 환상적인 세계를 이룬다는 점입니다. 차가 멈춰서 꼼짝 않는 그 순간을 하늘과 구름, 나무, 풀밭, 새, 그리고 다른 사람을 보고 느끼는 시간으로 변화시키십시오.

어쩌면 주위에 풀밭이나 나무 따위는 전혀 없이 지루한 건물들만 늘어서 있을지도 모릅니다. 얼핏 보기에는 모든 집이 다 똑같다고 여겨지겠죠. 하지만 그 집들은 각각 다양한 호모 사피엔스들의 보금자리입니다. 그 안에는 뛰어난 신경외과로 성장할 아기가 잠을 자고 있을 수도 있고 운동선수를 꿈꾸는 소년이 살지도 모릅니다. 휠체어에 묶인 수천 명 어린이에게 꿈을 안겨주는 위대한 사회사업가의 집일 수도 있습니다. 새로운 호기심으로 집들을 살펴보십시오.

한 남자가 보입니다. 그는 무슨 생각을 하고 있을까요? 아마 풀 뿌리의 길이에 대한 생각은 절대 아닐 겁니다. 부엌 창문 너머에는 주부가 한 사람 보이는군요. 아니, 어쩌면 아픈 아이를 부양하기 위해 돈을 벌러 곧 출근해야 하는 어머니일지도 모릅니다. 창문 하나 하나마다 이야기가 숨어 있습니다. 재미있는 이야기, 기이한 이야기, 지루한 이야기, 슬픈 이야기 등등. 그 모두가 아카데미상을 백 개씩은 탈만한 이야기입니다.

대도시 한 가운데 있다고요? 그럼 고층빌딩의 창문에 반사되는 하늘과 구름이 어떤 무늬를 그려내는지 보십시오. 그 다양한 모양과 색깔의 변화는 경탄을 자아냅니다. 교회의 뾰족한 첨탑 지붕이 하늘을 가르고 있군요. 그 뒤로 구름이 천천히 지나갑니다. 나무가 건물 측면에 드리우는 그늘은 어떤 모양입니까? 평범한 것들을 새로운 호기심으로 바라보는 일은 참으로 즐겁지 않습니까?

주위를 계속 살펴보십시오. 벽, 창문, 낙수 홈통 등의 생김새를 살펴보십시오. 건축가가 미처 신경 쓰지 못하고 지나가 버린 듯한 어색한 부분을 발견해 봅시다. 키 큰 나무와 길가의 키 작은 덤불들은 어떻게 생겼나요? 누가 압니까, 그러다가 하늘에서 빙빙 도는 독수리라도 발견하게 될지!

이제 서서히 정체가 풀리기 시작합니다. 그럼 여행을 계속하십시오. 다음 번에 또 멈춰 서게 된다면 시인이나, 기자가 된 듯한 기분으로 주위를 둘러보십시오. 눈과 상상력을 결합시키는 겁니다! 다.

신체 스캐닝:
운전석에서의 스트레스 해소법

1,300킬로그램이나 나가는 쇳덩이를 몰면서 혼잡한 도로 위에서 움직이는 데는 엄청난 주의 집중이 필요합니다. 하지만 턱을 굳게 다물고 목을 꼿꼿하게 세운다고 안전 운전이 보장되지는 않습니다. 오히려 정반대로 더 위험해질 수 있지요. 불필요하게 근육을 긴장시키는 것은 피로감을 더할 뿐입니다. 그리고 피로해지면 집중력이 떨어지고요.

신체 어느 부분이 긴장되어 있는지 스캐닝을 해 봅시다. 이건 고속도로를 달리는 중이건, 교통체증 때문에 멈춰선 때건 언제든 가능합니다.

우선 손가락부터 확인하십시오. 상어가 득실거리는 바다 한가운데서 구명 보트를 붙잡은 사람처럼 있는 대로 힘을 주고 있는 건 아닙니까?

손목과 손가락을 움직이게 하는 근육은 팔꿈치 위쪽 뼈에 붙어 있습니다. 그래서 손가락과 손목에 힘을 주면 팔 전체가 딴딴해지지요. 다음 번에 붉은 신호등에 걸렸을 때는 한 손을 핸들에서 떼십시오. 그리고 주먹을 쥐십시오(이 때 옆이나 뒤차 운전자와 눈이 마주치지 않도록 조심하십시오. 혹시라도 싸움을 거는 행동으로 오해받을지 모릅니다.)

그 때 팔 근육이 얼마나 신속히 수축되는지 살펴보십시오. 긴장감이 팔 전체에 전해지면서 곧 어깨에까지 이르는 것을 알게 될 겁니다. 이두근이 수축하고 어깨가 딱딱해집니다. 이런 상태에서 45분간 운전한다면 어떨까요? 온 몸이 마비된 상태로 목적지에 도착할 것이 뻔합니다. 어디서 흠씬 얻어맞기라도 한 것처럼 여기저기가 쑤시겠죠.

이제 양손이 편안하게 이완된 상태에서 고속도로를 달리는 연습을 합시다. 라디오 다이얼을 돌리거나, CD를 바꿔 넣거나 혹은 휴대 전화로 수다 떨면서 이런 연습을 해서는 안 됩니다. 핸들을 놓치지 않도록 주의하십시오. 그러면서 동시에 손가락에 대해 신경을 기울이는 겁니다. 손가락이 불필요할 정도로 경직된 것 같습니까? 그럼 약간 힘을 빼고 핸들을 잡아 보십시오. 한쪽 손의 손가락 한 두 개는 들어올려도 좋습니다. 그리고 손가락을 살짝 돌려보십시오. 다만 두 손의 손가락을 한꺼번에 움직이지는 말고 한 손씩 번갈아 해야 합니다! 모차르트를 연주하는 플루트 주자가 되었다고 상상해보면 어떨까요. 호흡하십시오. 이제 다른 손으로 같은 동작을 해봅니다.

당신이 위험한 급가속과 급제동을 반복하는 난폭 운전자라면, 그래서 한 손만으로 운전을 하고 그나마 그 손에서도 손가락 두 개 정도는 절대 핸들에 닿는 일이 없다면 제발 이 연습은 하지 말아주십시오. (손보다는 당신 머리를 먼저 스캐닝해야 할 겁니다). 이 연습은 두 손을 다 사용하는 운전자들만을 위한 것입니다!

운전하면서 계속 스스로를 확인하십시오. "내 손가락이 충분히 이완되어 있나?" 그리고 필요한 경우 손가락에서 힘을 빼십시오.

손목도 살펴야 합니다. 꼼짝 못하게끔 고정된 상태라고요? 그럼 다음 번에 또 교통 체증에 갇히게 되었을 때 한 손을 핸들에서 떼고 부드럽게 손목을 돌려보십시오. 천천히 움직여야 합니다. 왼쪽으로, 또 오른쪽으로 번갈아 돌리십시오. 호흡을 계속하십시오. 돌리던 손으로 핸들을 잡은 후 다른 쪽 손목도 돌려주십시오.

어깨에도 신경을 써야 합니다. 핸들 위로 너무 구부린 것은 아닙니까? 어깨가 귀 바로 아래까지 바싹 치켜올려진 것은 아닌가요? 이완시키면서 낮추도록 하십시오. 다음 번 붉은 신호등에서는 어깨를 한번 으쓱해보십시오. 팔은 부드럽게 늘어뜨리고 팔꿈치가 살짝 구부러진 상태 그대로 어깨를 귀 쪽으로 들어올려 보십시오. 몇 초 동안 그렇게 정지해 있다가 아래로 떨어뜨리십시오. 이 동작을 3-5회 반복하십시오.

목은 어떻습니까? 깁스라도 한 느낌인가요? 근육이 뻣뻣한가요? 다음 번에 차가 멈춰서야 할 때 천천히 부드럽게 목을 돌려보십시오. 척추를 길게 늘인 상태 그대로 천천히 고개를 돌려 오른쪽 어깨를 바라보았다가 잠시 멈추고 심호흡을 하십시오. 이완했다가 다시 왼쪽으로 돌리면 됩니다. 마찬가지로 호흡을 해야 하고요.

턱은 어떤가요? 고정된 상태라고요? 턱 이완 체조는 붉은 신호등이나 교통 정체를 기다릴 필요가 없다는 장점이 있습니다. 턱을 아래로 내리면서 입을 크게 벌리십시오. 치과 의사가 입안을 들여다 볼 때처럼 말입니다. 그 다음에는 입을 다물고 이완하십시오. 몇 차례 반복하십시오.

턱을 둥글게 돌리는 것도 좋습니다. 한쪽 뺨에서 다른 쪽 뺨을 향해 아래턱을 돌리는 겁니다. 또 입을 커다랗게 벌렸다가 닫기를 반복하십시오. (이 때 역시 다른 운전자에게 시선을 주지 않도록 주의하십시오. 욕설을 내뱉고 있다며 오해할 수도 있거든요.) 턱을 돌리면서 동시에 입을 벌리고 닫는 방법도 있습니다. 커다란 캐러멜을 먹듯 입을 움직이는 거죠. '냠냠 쩝쩝' 큰 소리를 내면서 말입니다.

스스로 긴장했다고 느낄 때면 언제든 이 연습을 반복하십시오.

보다 평온한 운전:
주위 사람들을 '우리'로 생각하기

운전을 하다 보면 화나는 일이 점점 더 많아집니다. 화도 더 많이 나고 말입니다. 교통 상황은 날이 갈수록 점점 나빠지는 것 같습니다. 이건 사실이 그렇습니다. 숫자를 조금만 살펴 봐도 분명히 알 수 있습니다. 1970년 이전과 비교해 등록 차량은 두 배 이상 늘어났지만 도로 면적은 겨우 6% 늘어났을 뿐입니다. 오래된 도로를 수리하고 새 도로를 건설하는데 매년 천문학적인 액수의 돈이 쓰이고 있는 데도 이런 형편입니다. 그러니 매일 교통 전쟁이 일어날 수밖에 없지요. 아무리 많은 나무를 베어내고 산을 깎아 도로를 만든다 해도 초조하게 빵빵거리는 자동차들을 충분히 수용하기란 불가능해 보입니다.

교통난으로 유명한 방콕에서 흥분하지 않고 운전하는 방법이 무엇인지 아십니까? 새벽 2-4시에 차를 모는 것입니다! 하지만 이런 식의 한밤중 운전이 해결책이라고 생각하는 사람은 거의 없을 겁니다. 그렇다고 도로에서 만나는 모든 사람들에게 점점 더 많이 화를 낼 수도 없지요. 해결책은 '우리'라는 사고방식에 있습니다.

우선 차를 몰고 있지 않은 상황에서 몇 번 연습을 해 보아야 합니다. 한가로운 주말 시간을 선택하십시오. 그리고 교통 정체 속에 갇혀 있다고 상상하십시오. 보이는 것이라고는 끝없이 늘어서 햇빛을 반사하는 쇳덩어리들, 붉은 브레이크 등 뿐입니다. 도로는 거대한 주차장입니다. 아니, 쇠와 유리로 이루어진 바다라고 할까요. 땅에 발을 내딛지 않은 채 차 지붕만 밟는다 해도 멀리 멀리 걸어갈 수 있을 정도입니다.

그런 장면을 상상만 해도 몸에 열이 난다고요? 그렇다면 길고 깊게 호흡하십시오. 이제 그 쇳덩어리 안에 들어있는 사람들에 대해 생각을 해 볼까요. 모두 팔팔하게 살아 숨쉬는 인간들입니다. 당신과 마찬가지로 도로를 그렇게 꽉 막히게 만들어 버린 책임이 있는 이들이죠.

앞차에 탄 사람에 대해 상상해 봅시다. 그 사람과 당신 사이에는 어떤 공통점이 있나요? 함께 공유하는 삶의 모습을 찾아보는 겁니다. 당신과 마찬가지로 그 사람도 자리에서 일어난 지 얼마 되지 않았습니다. 지난 밤중에는 팔이 부러진 아이를 간호하느라 잠을 설쳤을 지도 모릅니다. 혹시 새벽 1시에 애인에게 청혼했을 수도 있습니다. 당신과 함께 그 교통 정체에 갇히기까지 그 사람은 어떤 일과 어떤 감정의 굴곡을 겪어왔을까요?

평범한 아침에 당신의 일과는 그야말로 허둥지둥 지나갈 겁니다. 앞차 운전자에게도 마찬가지입니다. 샤워 꼭지가 갑자기 부러졌다든지, 10대 자녀가 아침 먹다 말고 갑자기 소리를 지르며 반항했다든지 하는 짜증스러운 상황이 발생했는지 모릅니다.

주변의 쇳덩어리 안에 앉아 있는 이들 역시 당신처럼 한없이 나약한 인간입니다. 하지만 동시에 깜짝 놀랄 정도로 서로 다른 개성을 가진 존재이기도 하죠. 길거리를 걷다가 마주쳤다면 서로 거친 욕을 내뱉게 될 일이 절대 없을 겁니다. 자, 호흡을 계속하십시오. 출퇴근 길에서 만나는 이들을 동료로 받아들이고 공감하는 시선으로 바라보는 새롭고도 중요한 연습입니다.

당신과 그 사람들 사이에는 또 어떤 공통점이 있을까요? 아마 모두들 출근길을 싫어할 겁니다. 교통 체증을 좋아하는 사람도 없습니다. 고약한 운전자도 싫어합니다. 다른 사람들이 내 생명을 위협한다면 누구나 화가 나죠. 아마 당신은 자신이 그 누구보다도 홀

륭한 운전자라 생각할 겁니다. 그런데 모든 사람이 똑같이 생각을 합니다. 재미있지요? 자신을 제외한 모든 운전자가 버릇이 나쁘고 무례하다고 여기는 겁니다. 과연 누구 판단이 옳은 걸까요?

물론 모두가 훌륭한 운전자일 수도 있습니다. 하지만 훌륭한 운전자도 때로는 무례하게 굴기도 합니다. 스스로에게 자문해 보십시오. "도로 상에서 멍청한 짓을 저질렀던 적이 정말로 단 한번도 없었단 말인가?"

호흡을 계속하십시오. 주위의 출퇴근 족을 '우리'라는 범주에 묶어 넣고 나자 어떻게 되었습니까? 모두가 하나라는 생각이 든다고요? 바로 그겁니다. 당신은 사려 깊은 훌륭한 사람입니다. 당신의 이성은 충분한 인내심을 발휘하며 주위 운전자들을 바라보도록 합니다. 하지만 가슴 속 깊은 곳에서 불끈 솟아오르는 감정은 다릅니다. 순식간에 끓어오르고 말거든요. 그래서 화를 내게 되고 싸움을 하게 되고 결국 직장에 지각하는 사태까지 벌어집니다.

호흡하십시오. 당신에게 당신 사정이 있는 것처럼 다른 운전자들에게도 각자 나름대로의 사정과 역사가 있습니다. 그리고 그 역시 당신 것과 마찬가지로 다급하고 중요합니다. 적어도 그들에게는 말입니다.

출퇴근길에 만나는 사람들도 본질적으로는 모두 선량합니다. 자기 아내나 남편, 아이들 걱정을 하고 친구에게 좋지 않은 일이 생기면 자기 일처럼 가슴 아파할 것입니다. 자녀가 최고의 교육을 받기 원할 것이고 생산적이고 풍요로운 삶을 꿈꿉니다. 간단히 말해 길에서 만난 그 낯선 이들은 당신과 대단히 비슷한 겁니다.

물론 그 중 일부는 당신과 절대 좋은 친구가 될 수 없는 부류일지도 모릅니다. 아주 이기적이고 심술궂은 사람도 있겠죠. 운전 습관이 아주 고약할 수도 있고요. 하지만 대부분은 그저 평범한 사람들일 뿐입니다. 일터로 출근했다가는 집으로 돌아가는 일을 반복하면서 살아가는 선량한 시민 말입니다. 당신하고 아주 똑같죠. 때로는 판단력에서 실수를 저지르는 것까지도 똑같습니다.

집에서 편안하게 쉬는 동안 다음 날의 출근 상황을 그려보십시오. 당신을 그 '우리'로부터 분리시켜 버리는 태도를 몰아내십시오. 차선을 이리저리 바꾸는 일도 그만 두십시오. 후미경으로 뒤차 운전자를 노려보는 일은 물론 다시는 없어야겠죠? 절로 욕설이 튀어나올 것 같으면 입을 다물어버리면 됩니다. 그리고 앞차와 안전한 거리를 유지하십시오.

출퇴근 길에 만나는 사람들을 이렇게 새로운 눈으로 바라보는 연습을 하고 난 후에는 실습에 나설 차례입니다. 처음 몇 번은 아차 하는 순간에 화를 내고 말지 모릅니다. 이미 수년 동안이나 그런 버릇이 들었는데 갑자기 바꾸기란 어려운 노릇이 아닙니까? 하지만 화가 났을 때는 화가 났다는 그 사실 자체를 깨닫는 것이 중요합니다. "이런, 내가 화를 내고 있군."이라고 말하는 거죠. 그러면 흥분된 마음을 날려버릴 수 있습니다.

다시 한번 차 안에 탄 사람들에 대해 생각하십시오. 그들 모두 누군가의 아버지, 어머니, 아들, 딸, 애인, 친구 등 소중한 사람입니다. 사람은 복잡한 관계의 그물 속에서 살아갑니다. 그리고 우리 모두가 인류이죠. '우리'인 겁니다. 우리는 같은 길을 따라 일터로, 집으로 갑니다. 인생이라는 같은 강물을 따라 흘러가고 있습니다.

평온한 운전을 위한 두 번째 방법: 마음을 따뜻하게

 '도로의 난폭자'라는 표현을 물론 들어 보셨겠죠? 하지만 자신이 그런 존재라고는 꿈에도 생각해본 적이 없을 겁니다. 물론 길가에 세워둔 남의 차를 골프채로 휘갈기는 망나니와 당신은 전혀 다릅니다. 당신은 현명하고 능력 있는 사람이며 지금은 아들을 축구 경기장에 데려다주고 있는 중일뿐이지요.
 하지만 당신 역시 그런 열 받는 순간을 분명 경험할 겁니다. 누군가 앞길을 가로막을 때 고개를 쳐드는 동물적인 공격성 말입니다. 대낮에 전조등을 번쩍이며 위협적으로 따라붙는 뒤차 운전사에게 고함을 지르고 싶은 때도 많습니다. 목적지에 도착했을 때는 지칠 대로 지쳐 화가 나고 머리가 지끈거릴지도 모르지요. 스트레스에 시달린 결과입니다. 그래도 당신은 별 것 아니라고 생각할 겁니다. 그건 21세기를 살아가자면 어쩔 수 없이 감내해야 하는 일이라는 둥 하는 이유를 대면서 말입니다.

잠시 우리의 건강에 대해 생각해봅시다.

'간단한 해부학 강의: 어째서 심호흡이 좋은가' 편에서 살펴보았듯이 위급한 상황이 닥치면 우리의 생리 체계는 비상 태세에 돌입합니다. 그 덕분에 미친 듯 달려오는 차를 피해 몸을 날리거나 화재 현장에서 탈출할 수 있지요. 실제로는 전혀 위급하지 않은 상황이라 해도 마찬가지입니다. 그저 위급하다고 느끼기만 하더라도 호흡수가 증가하고 혈압이 높아지며 심장 박동 수도 늘어납니다. 그 외에도 여러 가지 복잡한 활성 반응이 나타나죠.

이와 동시에 아드레날린이나 스테로이드 같은 스트레스 호르몬을 생성되기 시작합니다. 이들 화학물질은 우리 몸이 전투 반응 체계를 유지할 수 있도록 해 줍니다. 멋지죠? 하지만 별로 반갑지 않은 측면도 있습니다. 스트레스 사건이 끝난 후 한참 뒤에까지도 이들 호르몬이 몸에 남게 된다는 것이지요. 예를 들어 당신 신경을 있는 대로 건드렸던 고약한 차가 분기점에서 빠져나가 버린 후에도 스트레스 화학 물질은 여전히 남습니다. 어떤 종류는 몇 시간이나 혈액 중에 머무르기도 합니다. 여기에 걸핏하면 발동하는 분노와 짜증까지 섞인다면 (이들도 혈압을 높이는 역할을 합니다) 그야말로 큰 문제입니다.

우리 몸의 모든 체계가 흥분해서 발작하는 상황이 빚어지거든요. 이를 방치했다가는 결국 건강에 악영향을 미칩니다. 학자들은 이런 일상적인 스트레스가 면역 체계와 직접 관련된다고 주장하고 있습니다. 시험 기간이 되면 학생들이 감기에 더 잘 걸리는 것과 마찬가지지요! 일상적인 스트레스는 고혈압이나 심장 질환과도 상관관계가 있습니다.

건강 문제를 염려하기에는 너무 젊은 나이라고요? 그러니 평생의 재정 계획에나 관심을 가지고 싶다고요? 건강 문제 역시 같은 관점에서 바라보면 어떨까요? 스트레스를 줄여나가는 젊은 시절의 생활 습관이 향후의 건강 문제를 예방한다는 생각을 해 보십시오. 그럼 당연히 '건강한 인생을 위한 마음의 고요'도 저축 계좌 안에 들어가야 할 겁니다. 자, 그럼 어떻게 해야 운전이 좀더 평화롭고 즐거운 일이 될지 생각해 봅시다.

우선 마음을 가라앉히는 음악을 켜십시오.

누군가 무리하게 끼어 들거나, 멍청한 행동으로 교통 흐름을 방해하는 상황이 발생하면 그 때마다 심호흡을 하십시오. "이런, 빌어먹을!" "저 바보 같은 놈 같으니라고!" 라는 식의 말이 튀어나오려 할 때도 마찬가지로 심호흡을 해야 합니다. 약속 시간에 늦었다는 생각이 들 때도 심호흡을 하십시오. 호흡하면서 스스로에게 부드럽게 말을 건네십시오. "아, 내가 다시 화를 내려 하고 있군!" 그리고 화나게 된 상황에 대해 다시 생각해 보십시오. 분노가 정말 바보 같은 반응이라는 생각이 들 겁니다.

다시 심호흡을 하고 운전석 계기판 근처에 붙여 놓은 사진을 바라보십시오. 사진이라니 대체 무슨 얘기냐고요?

아직 자동차 운전석 근처에 사진을 붙여놓지 않으신 모양이군요. 하나 골라 가져다 놓으십시오. 애인이나 가족, 강아지가 담긴 사진을 지갑에 넣고 다니거나 사무실 책상에 올려두는 사람이 많습니다. 그럼 지겨운 모니터 화면에서 고개를 들 때마다 두 살 배기 꼬마 녀석이 환하게 웃으며 뛰어다니는 모습을 담은 사진이 보이게 되거든요. 절로 기분이 좋아지지 않겠습니까? 꽃이 만개한 골짜기에서 찍었던 사진을 바라보면 갑자기 그 때 그 꽃향기가 느껴질 것입니다.

자동차에도 그런 멋진 방법을 도입하지 못할 이유가 없습니다. 자석으로 고정되는 플라스틱 사진틀 하나만 준비하면 됩니다. 친한 친구와 보낸 한 때, 형제 자매나 가족과 찍은 사진을 넣어 두십시오. 다음 번에 고약한 옆 차 운전자 때문에 화가 치밀 때는 당장 시선을 사진 쪽으로 돌리는 겁니다. 그리고 길고 깊게 호흡하십시오. 사진 속의 그 사람과 보낸 특별했던 시간을 기억하십시오. 그리고 좀 더 호흡하십시오.

교통 체증에 걸려 차가 또 멈춰 선다면 애인의 얼굴을 바라보십시오. 호흡하십시오. 아무리 사진을 열심히 바라본다 해도 얕은 호흡을 계속한다면 별 효과가 없을 겁니다. 이건 정말입니다. 절대 깊은 횡경막 호흡을 잊지 않도록 하십시오.

몇 주가 흘러간 후에는 사진을 바꿔 넣으십시오. 제일 친한 친구와 등산을 떠났을 때 찍은 사진은 어떻습니까? 고래들의 우아한 자태는요? 해질녘의 바닷가 사진도 좋을 겁니다. 당신을 감동시킬 수만 있다면 어떤 사진이든 충분한 효과를 발휘합니다.

이 기법과 함께 주변의 출퇴근족을 '우리'로서 바라보는 태도를 동원한다면 틀림없이 더 편안하게 목적지에 도착할 수 있을 겁니다. 어쩌면 아주 행복한 기분이 될 수도 있습니다. 믿어지지 않을 정도로 말입니다!

마법의 한마디: 안녕하세요?

　당신의 출근길은 어떻습니까? 무뚝뚝한 표정을 하고 조금이라도 정도 이상으로 밀착하면 용서하지 않겠다는 태도로 무장한 전철 승객들 사이에서 당신 역시 무표정하게 서 있다가 목적지에 도착하면 내리는 그런 식인가요?
　만약 그렇다면 다른 방법도 있다는 것을 기억하십시오. 인류는 수백 년의 세월 동안 서로 '안녕하세요?'라는 인사를 나누어왔습니다. 전 세계 어디서든 마찬가지입니다. 언어마다 서로 다른 단어로, 다르게 발음하기는 하지만 말입니다.

대도시에 살고 있는 당신은 아마 이 정다운 인사를 친구나 가족에게만 건넬 겁니다. 아니면 낯익은 신문 가판대 아저씨나 커피숍 점원과도 인사를 나눌지도 모르죠. 교외나 소도시에 사는 사람은 이 인사를 좀더 자주 하게 됩니다. 그리고 보고도 못 본 척, 마치 상대가 거기 없다는 듯한 태도를 취하게 되는 싫은 상대도 틀림없이 있을 겁니다.

이 인사말에는 정말이지 강력한 힘이 숨어 있습니다. 그리고 이 힘은 지구 곳곳에서 영향력을 발휘합니다.

출근길에 자주 마주치지만 모른 척 해왔던 사람에게 '안녕하세요?' 인사를 건네 보는 것은 어떨까요? 우선 공적인 상대를 고르십시오. 매표원이나 역무원 같은 사람 말입니다. 공적인 상대라면 오해할 여지가 그만큼 적을 테니까요. 괜한 시비에 휘말릴 가능성도 줄어듭니다. 또 당신에게 무언가 서비스를 제공하는 사람과 다정한 사이가 된다는 건 기분 좋은 일이 아닙니까?

플랫폼에 서서 열차를 기다리면서 심호흡을 하십시오. 그리고 지구 곳곳에서 수백만의 사람들이 나름의 언어를 사용하여 '안녕하세요?' 인사를 나누는 장면을 상상해 보십시오. 그건 마치 수많은 새들이 지저귐과도 같을 겁니다.

역무원에게 인사할 때는 목소리 톤에 유의해야 합니다. 너무 강하게 나가면 인사보다는 목소리에 주목하게 될 테니까요. 시선 처리도 중요합니다. 상대의 팔을 노려보고 있나요? 셔츠 깃을 바라보는 중인가요? 시선을 위로 올려 상대의 얼굴을 보도록 하십시오.

처음 인사를 건네기 시작할 때는 당신 자신이 어떤 기분이 되는지 느껴 보십시오. 상대에게서 기꺼운 응답 같은 것을 기대하지 않고 인사말을 전할 수 있습니까? 상대가 금방 '아, 안녕하세요?'라고 대답하게 될 가능성은 상대적으로 낮습니다. 하지만 그건 별로 중요하지 않습니다. 인사를 듣지 못했을 수도 있고 조금 전에 시비 거는 승객을 상대했던 탓에 기분이 영 말이 아닐지도 모르지요. 그런 상황에서 인사말을 듣는다면 우선 귀를 의심하게 될 겁니다. 사실 인사에 대한 반응은 별로 중요하지 않습니다. 핵심은 당신이 동료 인간에게 먼저 손을 내밀었다는 데 있거든요.

며칠 동안 계속해서 '안녕하세요'라는 인사를 건넸다면 갑자기 그 상대와 놀랍게 가까운 사이가 되어 버립니다. 역무원이 당신 쪽을 바라보면 그 눈을 주시하십시오. 하지만 주의해야 합니다. 이런 식의 눈맞춤에는 세심한 배려가 필요합니다. 부드럽고 다정한 시선을 보내도록 하십시오. 그럼 대개는 다정한 시선이 되돌아올 것입니다. 감사의 눈길을 받을지도 모르고요.

감사라니 무슨 말이냐고요? 말 그대로입니다. 하루 종일 온갖 사람의 짜증 섞인 말소리를 들어야 한다면 어떻겠습니까? 아니, 완전히 무시당한다는 기분이 들면 어떨까요? 고속도로 요금 계산소에서 끝없이 이어지는 차들을 상대하며 돈을 받고 거슬러주는 일은 얼마나 따분할까요? 이럴 때 상대에게 던지는 이해의 눈빛은 당신과 상대 모두를 더 행복하게 만듭니다.

한마디의 인사말을 던짐으로써 당신 자신의 문제가 가벼워지기도 합니다. 갑자기 근심의 무게가 줄어드는 겁니다. 다른 누군가가 인사말을 건네고 있으니 굳이 당신이 수고스럽게 입을 벌릴 필요가 없다고요? 다시 생각해 보십시오. 전철을 타면서, 혹은 고속도로 요금 계산소를 통과하면서 역무원이나 계산원에게 친절하게 대하는 이들이 대체 몇 명이나 되는지 살펴보십시오. 복잡한 대도시, 그리고 혼잡한 출퇴근 시간이라면 그런 태도는 백 명에 한 둘도 없을 겁니다.

또 당신의 인사말이 모두의 분위기를 반전시킬 수도 있습니다. 당신이 인사하는 모습을 본 다음 번 운전자는 어렵지 않게 '안녕하세요?'라는 인사말을 건넬 겁니다. 제대로 잠도 안 깬 상태라 경쾌한 인사말이 안 나온다고요? '안녕하세요?'라고 말할 기운도 없다고요? 그럼 다른 방법도 있습니다. 열차에 올라탄 후 뒤이어 들어서는 다른 승객들을 바라보십시오. 그리고 다음 세 명에게 마음 속으로 인사를 건넵니다. 그저 타는 모습을 지켜보면서 인사말을 생각하면 됩니다. 그 사람들의 눈썹 모양이 마음에 들든 말든, 얼굴 표정이 좋든 나쁘든, 신문을 든 사람이든 아니든 상관없습니다. 입

밖으로 꺼내지 않은 인사말이라 해도 당신 기분은 훨씬 더 좋아지고 마음도 가벼워질 겁니다.

일단 '안녕하세요?' 인사에 능숙해지고 나면 다른 표현들, 예를 들면 '고맙습니다' '좋은 하루 되세요' '주말 잘 보내세요' 같은 표현도 함께 사용하고 싶어질지 모릅니다. 약간 촌스럽다고요? 그럴지도 모릅니다. 하지만 당신과 상대방이 모두 한층 힘차고 신나는 기분으로 새로운 하루를 보내게 된다면 조금 촌스러운들 무슨 상관이겠습니까?

고속도로 요금 계산원, 버스 운전사, 지하철 역무원 등 여러 사람과 이런 무작위 우정을 나누십시오. 벌써 이런 이들과 인사를 나누는 사이라면 다른 대상을 찾으면 됩니다. 청소부 아저씨도 인사하기 좋은 상대입니다. 쓰레기통을 비우고 있는 건물 관리인은 어떨까요? '안녕하세요?' 인사를 건네면 상대는 정말로 놀라고 기뻐할 것입니다.

대중 속에서:
'빠를수록 좋다'는 생각을 버리기

　수많은 사람 속에 섞여 플랫폼으로 올라가고 있다고 합시다. 군중의 움직임은 참기 어려울 정도로 느립니다. 에스컬레이터 계단 하나에 족히 여덟 명은 될만한 사람들이 밀려드는 판이니까요. 이런 상황에서 당신은 어떻게 하겠습니까?
　그렇지요! 우선 심호흡을 해야 합니다. 그 자리에 멈춰서 심호흡을 하십시오. 깊고 길게 해야 합니다.
　다음으로는 척추를 길게 늘여 올립니다. 등 근육을 부드럽게 늘리는 겁니다. 어깨가 올라가거나 구부러지지 않도록 주의하십시오.

두 다리가 바닥을 굳게 딛고 있는지 확인하십시오. 양쪽 발에 같은 하중이 가해져야 합니다. 횡경막 호흡을 몇 번 더 반복하십시오.

그리고 그 외부적인 상황, 즉 많은 사람으로 붐비는 상황을 당신이 전혀 통제할 수 없다는 점을 상기하십시오(그 목적지에 가기를 포기하지 않는다면 말입니다). 자신이 처한 상황의 물리적 한계를 냉철하게 인식해야 합니다. 대처 방법은 한 발을 앞으로 내밀었다가 다시 다른 발을 앞으로 내밀며 천천히 걸어가는 단순한 동작 뿐입니다. 왼발, 오른발, 다시 왼발, 오른발…….

목적지가 어디든 간에 빨리 도착하겠다는 마음만 포기한다면 모든 것이 간단해집니다. 좀더 빨리 앞으로 나아가고 싶다는 마음을 다만 10분만이라도 접어버릴 수 있나요? 그럼 당신은 자유로워집니다. 그리고 자신이 처한 상황의 잠재적 가능성을 탐색할 수 있게 됩니다.

자유라니 어이가 없나요? 깡통 속의 생선 통조림처럼 옴쭉 달싹 못하게 꽉 끼어버린 상황에서 자유라니 말도 안 된다고요? 자, 우선 심호흡부터 하십시오. 물론 불만스러운 생각이 먼저 터져 나오는 것이 당연합니다. '도대체 왜 이렇게 열차 배차 간격이 엉망이냔 말이야!' '좀더 일찍 출발했다면 얼마나 편하게 갔을까?' 그 생각들을 인식하십시오. 그리고 가능한 한 그런 생각을 빨리 없애 버리십시오.

에스컬레이터에 좀더 빨리 올라타 주변 사람들보다 먼저 앞으로 나아가고픈 욕심을 버리십시오. 무슨 어처구니없는 제안이냐며 당신은 피식 웃어버릴지도 모르겠습니다. 당신 인생에서 경쟁이란 까마득히 오래 전, 누이동생과 장난감 자동차를 가지고 싸우던 두 살배기 시절부터 시작된 일이었으니까요. 경쟁을 통해 당신은 대학에 들어갔고 회사에 들어갔고 결국 현재의 모습까지 이르렀을 겁니다.

하지만 현실을 직시하십시오. 혼자만 빨리 빠져나가겠다고 고집을 피워본들 아무 소용이 없습니다. 경쟁을 중단하면 어떤 결과가 얻어지는지 보십시오. 당신은 사람들이 움직이는 흐름대로 따라가면 그만입니다. 누군가 어깨로 당신을 밀치고 앞서가려 한다면 기꺼이 보내 주십시오. 그 사람은 다만 30초라도 먼저 가고 싶은가 봅니다. 마음대로 하라고 내버려두는 겁니다. 그가 경쟁에서 '이기도록' 하십시오. 호흡하십시오. 몇 분전까지만 해도 한참 뒤에 있던 아주머니가 당신보다 앞으로 왔군요. 그대로 앞서 가게끔 하십시오.

물론 당신더러 만만한 사람이 되라고 하는 것은 아닙니다. 누군가 당신 발끝을 밟거나 팔꿈치로 갈비뼈를 친다면 단호히 대처해야 합니다. 하지만 무슨 시합을 한다는 생각은 버리십시오. 그냥 호흡만 계속하면 됩니다.

도로 상에서 어떻게 지혜롭게 운전할 것인지에 대해 책을 쓴 존

라슨(John Larson)은 아주 유용한 충고를 하고 있습니다. 복잡한 도로에서 누군가 앞에 끼어 드는 경우 혼잣말로 '어서 오십시오'라고 말하라는 겁니다. 물론 완전히 이런 마음을 먹기란 불가능할지 모릅니다. 하지만 최소한 겉으로는 이렇게 행동할 수 있습니다.

다음 번에 어떤 운전자가 불쑥 당신 앞으로 끼어 든다면 "어서 오십시오." "제가 양보해 드리지요." "미인이 모는 차를 앞서갈 수 있겠습니까." 등 혼잣말을 해 보십시오. 그러다 보면 그 무례한 운전자에 대해 조금은 더 우호적인 감정을 가질 수 있을 겁니다.

물론 상대는 당신을 앞서 갔습니다. 당신이 진 셈입니다. 당신은 경적을 울리거나 전조등을 번쩍거리며 상대의 잘못을 지적하고 항의할 수 있습니다. 하지만 그런 행동은 스트레스 수준을 높이고 심장병 가능성을 증가시킬 뿐입니다.

심호흡을 하고 있습니까? 척추 상태를 확인하십시오. 여전히 길게 늘인 상태입니까? 어깨는 이완되어 있나요? 목은 부드럽습니까? 몇 걸음 더 걸어가십시오. 그리고 심호흡을 하십시오. 깊고 긴 호흡 말입니다.

군중 속의 동료 인간과 경쟁하기를 포기한다면 기분이 훨씬 좋아질 겁니다. 왜냐고요? 상대에 대해 나쁘게 생각할 필요가 없기 때문입니다. 다른 누구보다도 앞서서 에스컬레이터에 올라타기 위해 안간힘을 쓰다 보면 주위의 모든 사람을 경쟁 상대로 보게 됩니다.

경쟁 상대에게는 자동적으로 곱지 않은 시선이 가기 마련이죠. 옆으로 밀쳐 버려 마땅할 사람들입니다. 덜 중요하고 열등하고……, 하여튼 당신과는 다른 존재들이죠. 추악하고 늙고 뚱뚱하고 공격적이며 무례한 이들입니다. 당신과는 절대 말이 통할 수 없는 무리이고요. 머리카락 색깔, 옷차림 등 마음에 드는 면은 하나도 없습니다.

이런 생각은 의식적 혹은 무의식적으로 나타납니다. 주위 사람들이 싫고, 어떻게든 밀치고 앞으로 나아가려는 행동을 유발하죠. 그런데 사람을 미워한다는 건 불유쾌한 감정입니다. 더욱이 전혀 모르는 상대라면 더욱 그렇죠. (최소한 아는 사람이라면 싫은 이유가 분명할 테니까요!)

도대체 상대에 대해 아무것도 모르면서 어떻게 미워할 수 있다는 겁니까? 우연히 당신 옆구리를 건드린 상대방은 실제로는 정말 다정하고 친절한 사람일지 모릅니다. 고아를 세 명이나 입양해서 돌봐주고 있을 수 있죠. 바로 앞에 있는 여자는 어떻습니까? 카약을 타고 세 차례나 대양을 횡단했던 기록 보유자가 아닐까요? 오른쪽에 있는 남자는 세계적으로 유명한 농구 선수일 수 있습니다. 그 옆에 선 사람은 27층 높이의 빌딩 유리를 전문으로 닦는 기술자인지도 모릅니다. 뒤쪽에는 DNA 전문가가 있고요……. 그 무리 속의 누군가와 잠시만 이야기를 나누어본다면 왜 그렇게 서두르는지가 분명해 질 겁니다.

　호흡하십시오. 발을 계속 옮겨놓으십시오. 한 발, 또 한 발……. 이런 식으로 '대중과 어울리기' 연습을 몇 번 하다보면 당신의 내면도 조금씩 변하게 될 겁니다. 곁에 있는 사람들이 아주 좋아지는 거지요. 최소한 그 낯설고 신비로운 존재들을 중립적으로 바라볼 수 있을 겁니다. 잠시 동안이나마 그들과 같은 경험을 공유하게 되었으니 얼마나 큰 인연입니까! 아마 그 사람들과는 두 번 다시 만나지 못할 겁니다.

산과 같은 자세:
남의 눈에 뜨이지 않는 척추 스트레칭

지하철 열차 안에 자리가 없어 서 있어야 할 때 당신은 어떻게 합니까? 구부정하게 선 채 신문을 읽습니까? 이를 갈며 불평을 늘어놓나요? 전혀 다른 식의 대처 방안을 하나 소개할까 합니다. '산과 같은 자세'를 만드는 부드러운 스트레칭입니다.

열차가 갑자기 속도를 올리거나 멈춰 설 때, 혹은 덜컹거릴 때 몸의 균형을 잡아줄 기둥이나 손잡이를 하나 찾아 한 손으로 잡습니다. 다른 한 손은 옆구리에 편하게 늘어뜨립니다. 가방을 들고 있다고요? 그럼 다리 사이에 끼워두십시오. 언제든 가방이 안전하게 놓여있다는 걸 확인할 수 있도록 말입니다.

길고 깊게 호흡하십시오. 무릎은 약간 구부리는 편이 좋습니다. 그럼 열차가 갑자기 움직이더라도 균형을 잡을 수 있거든요. 발바닥에 힘을 주십시오. 몸이 확실히 바닥에 맞닿아 있다는 느낌을 받아야 합니다. 두 발에 똑같이 압력이 가해지는지 확인하십시오. 한쪽에 주로 무게를 싣는 경우가 많거든요.

부드럽게 척추를 길게 늘여 올리십시오. '길게 늘이다'라는 표현을 굳이 사용하는 이유는 힘을 주거나 긴장하지 말라는 뜻입니다. 척추가 조금씩 위로 늘어나게끔 하십시오. 등이 유연하고 편안하다고 느낄 수 있어야 합니다.

등을 길게 늘여 올리기 위한 기준을 하나 정하십시오. 출입구나 유리창틀, 다른 기둥 등 무엇이든 직선이면 됩니다. 그리고 그 기준에 따라 척추를 계속 위로 늘여 나갑니다. 어깨 상태를 확인하십시오. 귀 쪽으로 너무 들려 올라갔다면 아래로 내려야 합니다. 어깨가 마치 등과 하나가 된 듯 느껴 보십시오.

목도 부드럽게 올립니다. 이 길게 늘이기는 등 위쪽에서 시작되어 목을 향해 점점 올라오게 됩니다. 목을 이완시키고 목 전체를 모두 부드럽게 길게 늘이면서 올리십시오. 목이 척추 위에 떠서 움직인다고 상상해 보십시오. 참, 호흡은 제대로 하고 있습니까? (집중하다 보면 호흡이 흐트러지는 경우가 왕왕 있거든요.) 길고 깊게 호흡하십시오.

눈의 긴장도 푸십시오. 눈을 뜨고 있기는 하되 부드럽고 초점 없는 시선을 유지하십시오. 턱도 이완해야 합니다. 얼굴 근육은 부드러운 상태가 되도록 합니다. 호흡하십시오.

몸의 균형을 유지하기 위해 무언가를 잡고 있는 팔은 어떤가요? 경직되어 있다면 이완해야 합니다. 다른 팔도 확인하십시오. 편안하고 느슨하게 아래쪽으로 늘어뜨려져야 합니다. 손가락은 어떻습니까? 힘이 들어가 있다면 힘을 빼십시오. 호흡하십시오.

다시 발로 가 볼까요. 발이 단단히 바닥에 닿아 있는지 확인하십시오. 발 앞뒤에 균일하게 힘이 들어가야 합니다. 아, 옆의 승객이 당신을 건드렸다고요? 무시하고 그냥 계속 호흡하십시오.

자신을 산(山)이라고 생각해 보십시오. 산은 대단한 존재입니다. 그 층층이 쌓인 바위들을 떠올리십시오. 집채만큼 거대한 바위도 있군요. 산은 억겁의 세월을 이겨왔습니다. 눈도, 거센 비바람도, 따갑게 내리쬐는 햇살도 산을 굴복시키지는 못합니다. 번개나 산불, 폭풍우 같은 것은 산을 더욱 산답게 만들 뿐입니다. 봉우리를 휘감은 구름도 산을 화나게 만들지 못합니다. 물론 지진이 일어나면 산은 움직이고 때로는 갈라지기도 합니다. 하지만 산은 늘 강하고 참을성 있게 그 자리에 머무릅니다. 산은 서두르거나 움직이지 않습니다. 그저 조용히 기다립니다.

당신의 몸을 타고 산의 에너지가 올라오는 것을 느껴 보십시오. 길고 깊게 호흡하십시오. 계속 척추를 길게 늘여 올려야 합니다. 조금씩 키가 커진다고 생각하면 될 겁니다. 산처럼 당신도 안정되고 고요합니다. 저 깊은 곳으로부터의 정지 상태를 감지하십시오. 당신 중심부에서 침묵과 정적이 느껴집니까? 당신은 몇 백년이고 거기 그렇게 열차의 움직임에 따라 부드럽게 흔들리며 서 있을 수 있습니다. 새로 올라탄 사람들이 시끄럽게 떠들기 시작했나요? 무시하십시오. 산의 에너지에만 집중하십시오.

이제 입가에 살짝 미소를 지어 보십시오. 입술 양끝을 아주 약간만 들어올리는 겁니다. 영화배우들이 하듯이 모든 이를 다 내보이며 웃으라는 것이 아닙니다. 미소의 느낌만 가지면 됩니다. 자, 그럼 기분이 어떻게 달라졌나요? (이런 식의 단순한 미소의 동작만으로도 기분이 훨씬 좋아진다고 주장하는 연구들이 많습니다.)

목적지에 도착할 때까지 그렇게 위로 길게 늘여진 척추 상태를 유지하십시오. 선로의 생김새와 열차의 움직임에 따라 이리저리 흔들리고 움직이는 사람들 수백 명 사이에서 그런 상태를 유지할 수 있다면 정말 대단한 일입니다! 직장에서 상사와 이야기하면서 산과 같은 자세를 유지한다면 어떻게 될지 한번 상상을 해보십시오.

산과 같은 자세를 제대로 실행하자면 집에서 연습을 좀 해야 합니다. 집에서는 팔도 위로 들어올리십시오. 팔로 V자를 그리며 손바닥을 바깥쪽으로 활짝 펼칠 수도 있고 귀 옆에 팔을 바짝 붙이면서 손바닥을 안으로 향하게 할 수도 있습니다. 팔을 쳐들고 있어도 어깨는 이완되어야 합니다. 거울 앞에서 몇 번 연습을 해 보십시오. 어깨가 들려 올라가지는 않는지 확인해야 합니다. 그 다음에는 거울 앞을 떠나 자기 모습을 보지 않으면서 연습하십시오.

발바닥에서부터 손가락 끝에 이르기까지 몸을 길게 늘이십시오. 두 발은 굳건하게 바닥을 디디고 있어야 합니다. 당신의 발이 건물 아래 땅 속으로 파고들어 뿌리를 내렸다고 생각해 보십시오. 그리고 온 몸을 타고 흐르는 산의 에너지를 느껴 보십시오.

다음 번에 열차 안에서 산과 같은 자세를 연습할 때면 두 팔을 위로 쳐들었을 때의 느낌이 어땠는지 기억하고 바로 그 느낌을 가져 보십시오. 산과 같은 자세는 붐비는 버스 안에서도 훌륭하게 해낼 수 있습니다. ✿

공감 연습:
주위 사람에 대해 생각하기

지하철 열차 안에 앉아 있다고요? 아침 일찍부터 출근하느라 얼굴을 찌푸리고 있군요? 그럼 주위의 낯선 이들에 대해 공감 연습을 해 보는 것이 어떨까요? 우선 이집트 자세를 잡고 심호흡을 합니다. 몇 분 정도 지난 후에 3미터 정도 떨어진 사람을 하나 고릅니다. 처음에는 어린아이를 대상으로 하는 편이 좋습니다. (언제 폭발할지 모르는 청소년을 뚫어지게 바라보다가는 뜻밖에 당황스러운 일을 당할지도 모르니까요.) 잠자는 아이가 있다면 딱 좋습니다.

아이의 얼굴, 눈썹, 입, 작은 손, 손가락, 손톱을 바라보십시오.

아이를 감싸고 있는 담요, 작은 양말, 모자나 머리띠도 살펴보십시오. 아이가 예쁜지 미운지, 편안해 보이는지 그렇지 않은지, 엄마가 아이를 제대로 안고 있는지 아닌지, 옷차림이 마음에 드는지 안 드는지 등의 생각은 지워 버리십시오.

호흡하십시오. 목과 어깨는 이완시키십시오. 조용히 살펴보면 됩니다. 그 작은 존재가 얼마나 허약하고 의존적인지 생각하십시오. 1, 2분 정도 바라본 후에는 시선을 돌려 빈자리나 창 밖을 보십시오. (너무 오래 시선을 집중하면 아이 엄마가 불안해질 수 있거든요.)

이제 아이의 미래에 대해 생각해 봅시다. 아이의 인생에는 어떤 기회가 찾아올까요? 무사히 고등학교를 마치게 될까요? 그 다음에는 대학에 입학할까요? 법과 대학에 들어갔다가 대기업에 입사해 최고 경영자 자리까지 오르게 될까요? 아니면 최고 인기를 누리는 야구 선수가 될까요? 지하철 역무원이 될지도 모릅니다. 치과 의사는요? 세기의 컴퓨터 천재일지도 모릅니다. 혹은 싱글벙글 입을 다물지 못하고 좋아하는 쌍둥이의 아버지가 될까요?

다시 한번 아이의 작은 손을 보십시오. 그 섬세함에 경탄하지 않을 수 없는 예쁜 손입니다. 이 손으로 아이는 장차 무얼 하게 될까요? 피아노 연주? 체스? 아이는 실험실에서 조심스런 손길로 씨앗을 다루는 식물학자로 일할지도 모릅니다. 또 조그만 발도 있습니다. 저 발은 아이를 어디에 데리고 갈까요? 브로드웨이의 전문

뮤지컬 무대에서 뛰게 될까요? 무서운 화재 현장에서 무거운 호스를 끌고 다니며 사람들을 구출하는 소방관의 발이 될까요? 머리에 대해서도 생각해 봅시다. 저 머리에서 어떤 생각이 나오게 될까요? 멀고 먼 행성에 대해 고민하며 새로운 블랙 홀 이론을 제기할 머리일지도 모릅니다. 농구 코트의 뛰어난 전략가일 수도, 미적분 전문가일 수도 있습니다.

가능성은 그야말로 무궁무진합니다. 당신 눈앞의 그 조그만 잠재력 덩어리가 장차 어떤 사람이 되어 어떻게 살아갈지는 아무도 모릅니다. 그 아이가 겪게 될 미래의 충격과 온갖 경험에 대해 공감해 보십시오. 그 허약한 존재가 감당하게 될 힘든 고난, 행복, 성취, 기쁨, 사랑, 상실, 실망, 고통, 쓰라림을 떠올려 보십시오.

제대로 호흡하고 있습니까? 그 특별하고 놀라운 존재에 대해 마음을 활짝 열면서 계속 호흡하십시오.

이제 아이에게서 어른 쪽으로 공감 대상을 바꿀 준비가 되었나요? 미리 말해 두지만 이건 훨씬 더 어려운 일입니다. 자, 이번에도 3미터쯤 떨어진 사람을 고릅니다. 이 정도 거리가 있다고는 해도 살짝 살짝 엿보는 수준에 그쳐야 뚫어지게 바라보아서는 절대 안 됩니다. 상대가 당황하거나 불편하게 느낄지 모르니까요. 적대적인 반응을 불러 일으켜 좋을 것이 없습니다. 그저 서너 번 그 쪽을 바라보기만 한다면 충분합니다.

공감할 대상으로 어른을 고르는 경우 상대에게 마땅찮은 면이 있다면 주의를 집중하기 어렵습니다. 이를테면 손톱이 너무 길다거나 코에 고리를 끼우고 있다거나 하는 것 말입니다. 그럼 다른 상대를 고르십시오. 누구를 고르든 어느 순간부터는 비판을 시작하게 될지 모릅니다. 그건 지극히 자연스러운 현상입니다. 우리 마음속에서 끊임없이 진행되는 게임이기도 하죠. 나 자신과 일단의 이방인들 사이에 벽을 쌓음으로써 자기를 방어하려는 것입니다. 결국 낯선 동행들과는 아주 일시적으로 마주친 것에 불과하니까요. 이런 비판적인 생각이 떠오르게 된다면 그 생각에 주목하십시오. 그리고 거기 꼬리표를 붙이는 겁니다. "아, 이건 비판적인 생각이야."

그 생각에 매달리거나 따라가서는 안 됩니다. 그저 그런 생각이 떠올랐다는 것을 인식하는 것으로 충분합니다. 마치 저 창 밖 나무에 모여 앉은 새들을 바라보듯이 말입니다. 새들의 움직임을 멈추게 할 수는 없습니다. 하지만 바라보지 않으면서 새들이 어떤 행동을 하든 신경 쓰지 않는 것은 가능합니다. 생각도 그렇게 지나쳐 버리십시오. 우주로 떠나보내는 겁니다. 호흡하십시오.

상대 어른에 대해 호기심을 발휘합시다. 이제까지 어떻게 살아왔을까요? 어떤 일을 하면서? 밤새도록 병원에서 일한 후 집으로 돌아가는 길일지도 모릅니다. 밤샘 경비를 섰을 수도 있고요. 개인적으로는 어떤 삶을 살고 있을까요? 결혼은 했을까요? 부부 사이는 원만할까요? 외동딸이 작년에 사고로 죽어버리지는 않았을까요? 혹시 6년 동안이나 갖은 애를 쓰고 병원 치료를 받은 뒤 마침내 어제 임신 사실을 확인한 것은 아닐까요? 건강은 어때 보입니까? 등이나 다리에 통증을 느끼는 듯 보이나요?

당신이 관찰하고 있는 상대는 완전한 수수께끼입니다. 그 사람이 해냈던 일과 느꼈던 슬픔, 비밀스러운 열정에 대해 생각하십시오. 그리고 공감해 보십시오. 놀라운 마음도 들 겁니다. 그 복잡하고 힘든 삶에서 이제까지 열심히 살아왔으니 말입니다. 정말 대단하지 않습니까! 얼마나 큰 용기입니까?

성공적으로 공감 연습을 끝낸 후에는 스스로를 칭찬하십시오. 몇 번 더 심호흡을 해도 좋습니다. 이 연습 후에 정신적으로나 신체적으로나 어떤 느낌이 드는지 생각해 보십시오.

4부
근무 시간을 위해

카페인 대체물: 활기차게 출발하는 비결

카페인 대체물이라니? 그럼 커피를 마시지 말라는 말인가? 아니, 아닙니다. 커피를 포기하라는 따위의 말은 하지 않을 테니 당황할 필요는 없습니다. 사실 커피는 포기하기에는 너무 중요한 기호품입니다. 하지만 때로는 좀 다른 방법으로 주의를 환기할 필요가 있습니다. 이를테면 스트레칭 같은 것으로 말입니다.

1시간 이상 컴퓨터 앞에서 작업한 참입니까? 그럼 좀 움직여야 할 시간이군요. 사무실 분위기가 너무 딱딱하다면 바깥으로 나가십시오. 혈액이 잘 돌게 만드는 겁니다. 이렇게 말하면 혈액이야

늘 몸을 따라 도는 게 아니냐고 반문하는 분이 있을지도 모르겠습니다. 물론 그렇습니다. 하지만 움직이고 스트레칭하고 게다가 심호흡까지 해준다면 혈액 순환은 한층 더 좋아지는 법입니다. (장시간 비행기 여행을 해보면 이게 더 분명해집니다. 비행기 좌석에 앉아있다 보면 피가 다리와 발목에 몰려 통증을 느끼게 되죠.)

사무실의 자기 자리에서 일어나 정수기 있는 곳까지 성큼성큼 걸어 보십시오. 계단을 내려가 로비로 가서 안내 직원과 몇 마디 나누고 돌아와도 좋습니다. 화장실에 갈 때도 경쾌함을 유지하십시오. 다른 층에 갈 일이 생기면 좀 우회해 돌아가도 좋습니다. 한층 아래 내려가야 한다면 일부러 두 층 올라갔다가 다시 목적지 층으로 내려가는 거죠.

걸을 때나 계단을 오를 때에는 척추를 길게 늘이고 어깨를 이완시킨 뒤 심호흡을 하십시오. 엉덩이도 활짝 벌리십시오. 엉덩이나 배가 작아 보이도록 일부러 힘을 주어 딱딱하게 만들고 있는 것은 아닌지 확인하십시오. 쉽고 편안하게 다리를 움직이십시오. 특히 팔의 움직임에도 주의를 기울여야 합니다. 컴퓨터 작업을 하고 난 후라면 근육이 경직되어 있기 쉽습니다. 팔을 옆구리 쪽으로 편하게 내려뜨리십시오. 팔목과 손가락, 손을 이완하는 겁니다. 호흡을 계속하십시오.

도저히 책상 앞을 떠나지 못할 정도로 바쁘다고요? 그럼 최소한 일어서기라도 하십시오. 그리고 팔을 머리 위로 높이 올립니다. 한쪽 팔을 좀더 높이 올리세요. 마치 천장에 매달린 포도라도 따려는 듯 말이지요. 팔을 더 높이 올린 쪽의 갈비뼈가 늘어나는 것이 느껴집니까? 다음에는 다른 쪽 팔을 들어올릴 차례입니다. 그 쪽에서도 갈비뼈가 늘어나는 것을 느껴 보십시오. 꽉 조이는 허리띠를 매고 있다면 스트레칭 전에 헐렁하게 해 두십시오. 이제 두 팔을 똑같은 높이로 올리십시오. 발끝에서 손가락 끝까지 온 몸을 길게 뻗는 겁니다. 배가, 등이, 상체 전체가 위쪽으로 길게 늘어나는 것을 느껴 보십시오. 기분이 좋지요?

이제 두뇌에도 휴식을 줄 차례입니다. 당신의 두뇌는 자연의 가장 위대한 발명품이라 할 수 있습니다. 두뇌 안에서는 천억 개의 세포가 쉴새 없이 움직이며 오감이 받아들여 전달하는 수백만 단위의 정보를 처리하고 있지요. 일곱 살 때 엄마가 하신 말씀을 기억하는 것, 집 담장을 칠하려면 얼마만큼의 페인트가 필요할지 계산하는 것 등은 모두 두뇌의 회색 세포가 맡아 해결해야 하는 일입니다. 뉴런과 신경 전달 물질(neurotransmitter), 그리고 시냅스가 서로 연결되어 분주히 움직입니다.

이 모든 활동에는 산소가 필요합니다. 그것도 아주 많이 필요하지요. 두뇌는 우리 몸무게의 약 5%를 차지할 뿐이지만 몸이 필요로 하는 산소의 20%는 두뇌로 집중됩니다. 하지만 안타깝게도 때로는 우리 생활 습관 때문에 이 귀중한 두뇌의 에너지원이 부족해지는 경우가 자주 있습니다. 대기 오염이 심한 도시에 살고 있다든지, 극심한 교통 혼잡에 시달리며 출퇴근을 한다든지 하는 경우에 특히 그렇죠. 그럼 깊은 호흡이 어려워지는 겁니다.

산소가 부족할 경우 하루 일과 중 겨우 절반 정도만 지나간 후부터 피로를 느끼게 되는 것이 당연합니다. 그럼 이제 그 피로를 이겨내기 위한 스트레칭 방법을 알려 드리겠습니다. 하지만 고혈압 증세가 있는 사람으로 약을 복용하지 않는 경우라면 다음에 소개할 운동을 하지 마시기 바랍니다. 먼저 의사와 만나 적절한 처치를 받아야 합니다. 당뇨병 환자도 마찬가지입니다. 필요한 약을 제대로 복용하고 있는 고혈압 환자라면 모든 스트레칭을 다 따라해도 무방합니다.

의자에 앉은 상태이든 서 있든 좋습니다. 의자에 앉은 상태에서 스트레칭을 하게 된다면 의자가 단단히 고정된 상태인지 확인하십시오. 바퀴가 달린 의자라면 책상이나 캐비닛에 등받이를 기대놓아야 합니다. 이제 상체를 부드럽게 앞으로 구부려 가슴을 넓적다리 위에 얹으십시오. 두 팔은 다리와 평행으로 늘어뜨리면 됩니다. 머리도 아래로 숙이십시오. 심호흡을 하십시오.

등 근육은 모두 이완시키십시오. 어깨와 목 뒷부분도 부드럽게 유지해야 합니다. 숨을 내뱉을 때마다 어깨에서 힘을 빼십시오. 머리의 무게로 몸을 조금 더 아래로 낮추십시오. 그리고 그 때 입과 눈 주위 근육에서 어떤 현상이 나타나는지 주목하십시오. 그 근육도 이완되어야 합니다. 턱은 약간 벌리십시오. 셋에서 다섯 정도까지 세는 동안 자세를 유지한 후 심호흡을 하십시오.

  이 자세의 장점은 두뇌에 혈액을 공급해준다는 것입니다. (주사를 맞은 뒤 현기증을 느끼는 환자에게 의사나 간호원이 몸을 앞으로 굽히게 하는 것도 바로 이 때문입니다.) 알다시피 더 많은 혈액이란 더 많은 산소를 의미합니다. 머리에 혈액 공급이 많아지면 뇌세포로 향하는 글루코즈도 늘어납니다. 산소와 글루코즈 공급이 많아지면 두뇌는 더 효율적으로 활기차게 움직입니다. 창조적이고 문제 해결에 능숙한 두뇌가 되는 것이지요.

  이 자세의 또 다른 장점은 인생이나 직업, 상사, 눈앞에 쌓인 업무를 바라보는 새로운 관점을 제공한다는 데 있습니다. 아래에서 위로 사물을 바라보는 것은 신나는 일입니다. 새로운 해결책이 갑자기 나타날 수도 있습니다. 어울리기 힘든 동료의 모습이 조금 나아 보이고 업무 스트레스도 줄어듭니다.

  사무실을 혼자 쓰고 있다고요? 아니면 동료들이 모두 자리를 비우고 식사하러 나갔습니까? 그도 아니면 아무도 없는 도서실이나 회의실에 혼자 앉아 있다고요? 그럼 선 자세에서 같은 동작을 연습할 수 있습니다. 방법은 다음과 같습니다. 엉덩이를 벽 쪽으로

해서 서십시오. 60센티미터 정도 두 다리를 벌립니다. 무릎을 구부리고 천천히 상체를 앞으로 구부립니다. 처음에는 머리부터 시작했다가 뺨, 가슴, 어깨, 허리 순서로 움직이도록 하십시오.

물론 이건 아무 데서나 할 수 있는 자세는 아닙니다. 발끝에 손을 대려고 아둥 바둥 노력할 필요는 없습니다. 그저 이완된 상태로 앞으로 구부리면 됩니다. 상체를 중력의 힘에 완전히 맡기십시오. 심호흡하십시오. 어깨와 팔이 이완되어 있는지 확인하십시오. 팔은 약간 흔들려도 문제 없습니다. 눈은 뜨고 계십시오. 그렇다고 부릅뜰 필요는 없습니다. (눈을 감게 되면 현기증이 날지도 모릅니다.) 호흡을 계속하십시오.

거꾸로 보이는 세상을 충분히 즐긴다고 생각하십시오. 셋에서 다섯 정도까지 수를 세면서 자세를 유지하십시오. 호흡을 잊어서는 안 됩니다. 그리고는 천천히(반드시!) 몸을 일으킵니다. 자, 그럼 새로운 기분으로 다시 컴퓨터 앞에 앉읍시다.

통화 중에 할 수 있는 간단한 얼굴 마사지

 영원히 계속될 것만 같은 지루한 전화 통화를 하고 있다고요? 대기 음악이 하도 여러 번 반복되어 골치가 지끈지끈해질 지경이라고요? '전화해 주셔서 감사합니다' 어쩌구 하는 녹음 소리는 터무니없는 거짓말로 느껴지고요? 이럴 때 이를 갈며 화내는 대신 할 수 있는 쉽고 효과적인 얼굴 마사지를 소개해 드리겠습니다. 눈에 잘 뜨이지 않기 때문에 아마 사무실 동료들도 눈치채지 못할 겁니다. 혹시 눈치채는 사람이 있다면 자기에게도 방법을 가르쳐 달라고 물어오겠죠.

우선 당신이 전화 수화기를 어떻게 잡고 있는지 살펴봅시다. 한쪽 어깨를 올리고 고개를 기우뚱하게 젖혀서 그 사이에 수화기를 끼운 상태입니까? 그렇다면 어서 목을 바로 하고 수화기를 귀에서 3-6센티미터 정도 떼십시오. 그래도 상대방의 말소리는 아주 분명하게 다 들릴 겁니다. 수화기는 많이 사용하지 않는 손으로 잡도록 합니다. 오른손잡이인 경우라면 왼손으로 수화기를 잡고 통화하면서 오른손으로는 얼굴 마사지를 하는 겁니다. 왼손잡이라면 반대로 하면 되겠죠.

이제 좀 더 가볍게 수화기 잡는 법을 알려드리겠습니다. 당신은 절벽을 기어오르는 등반가가 아닙니다. 그러니 그렇게 온 몸을 지탱하려는 것처럼 수화기를 꽉 부여잡을 필요가 없습니다. 손가락을 이완시켜 보십시오. 손가락 몇 개를 가볍게 구부리는 것만으로도 수화기를 잡기에는 충분합니다. 새끼 손가락은 공중에서 신나게 돌려대도 좋습니다. 손목도 부드럽게 유지해야 합니다. 손목을 좌우로 부드럽게 돌려보십시오. 이 과정에서 계속 길고 깊게 호흡하는 것을 잊지 마십시오.

'몸 스캐닝'에서 살펴보았듯이 손목을 움직이고 확장시키는 근육은 팔꿈치 위쪽 뼈에 붙어있습니다. 손가락과 손목에서 쥐가 날 정도로 힘을 주고 있는 것은 아닙니까? 그렇게 되면 팔 전체, 어깨 그리고 목까지 아주 딱딱해져 버립니다. 가능한 한 수화기를 살짝 잡으려면 책상에 왼쪽 팔꿈치를 의지하고 팔을 수직으로 세우십시오. 그럼 수화기가 귀에서 3~6 센티미터 정도 떨어지게 됩니다. 수화기 무게를 더 분산시키려면 팔꿈치를 상체에 바짝 붙이면 됩니다.

척추 상태를 확인하십시오. 이 운동을 하는 동안 척추가 계속 부드럽게 길게 늘여 올려진 상태를 유지해야 합니다. 자, 이제 오른손으로 오른쪽 얼굴 마사지를 시작합니다. 두 번째와 세 번째 손가락을 모아 부드럽게 펴십시오. 두 눈썹 사이에 손가락 마지막 마디를 놓은 후 머리카락이 시작되는 곳까지 한번에 천천히 손가락을 밀어 올립니다. 머리카락이 시작되는 곳에 이르면 손가락을 떼고 다시 눈썹 사이 위치로 돌아옵니다. 그리고 가볍게 누르면서 다시 앞의 동작을 반복합니다. 몇 차례 계속하십시오.

길고 천천히 제대로 호흡하고 있는지 확인하십시오. 어깨와 팔, 목의 상태도 살펴보십시오. 모두 이완되어야 합니다. 왼쪽 편의 얼굴 근육, 특히 눈과 입 주위의 근육도 이완시키십시오.

마사지를 계속하십시오. 머리카락이 시작되는 곳으로 손가락을 움직여 나가면서 이마의 주름을 말끔히 없애 버린다는 생각을 하십시오. 당신의 이마는 깊은 산 속의 잔잔한 호수처럼 매끈해지는 겁니다. 다음 순서는 관자놀이, 즉 눈 끝과 귀 앞의 머리카락 선 사이 지점에서 시작됩니다. 손 전체를 돌리면서 손가락으로 작은 원형을 그려나가십시오. 손가락을 떼어서는 안 됩니다. 부드러운 마사지가 되도록 하십시오.

이제 뺨 부분으로 내려갑니다. 손가락 두 세 개를 뺨에 대고 작은 원을 그리면서 돌립니다. 손가락을 떼고 다른 장소로 이동합니다. 얼굴에서 특히 경직된 부분을 찾아 마사지하십시오. 다양한 부분에서 마사지를 하십시오. 코 가까이, 입 바로 옆, 얼굴 뼈 바깥 등은 어떻습니까?

왼쪽 팔꿈치 상태가 어떤지 잠시 확인해 봅시다. 팔꿈치가 한 장소에 고정되어 단단하게 굳어진 것은 아닙니까? 팔꿈치를 부드럽게 돌려보십시오. 왼쪽 손은 어떻습니까? 전화기를 잔뜩 움켜쥐고 있나요? 손가락을 부드럽게 이완하십시오.

이제 턱 근육으로 가 봅시다. 이것은 우리 몸에서 가장 강력한 근육 가운데 하나입니다. 갈비에 붙은 살코기나 딱딱한 당근 같은 것을 씹어야 하니까요. 긴장하게 될 때는 턱부터 굳어지기도 합니다. 턱 선을 따라 마사지하면서 이완시켜 봅시다. 우선 귀 바로 아래에서 출발합니다. 그리고는 턱선을 따라 내려가면서 이곳 저곳에 원형 마사지를 합니다. 입은 약간 벌리고 있으면 됩니다. 뺨을 완전히 이완시키십시오. 그러면 턱 마사지를 할 때 뺨이 조금씩 움직일 겁니다.

마사지를 아직 끝내지 못했는데 전화 통화가 끝나 버렸다고요?

대기 시간이 너무 빨리 지나가 버려 섭섭할 지경이라고요? 그럼 수화기를 내려놓고 잠시 시간을 내어 마사지를 계속하든지, 아니면 다음 번 전화할 때를 이용하면 됩니다. 한쪽이 다 끝나면 다른 쪽 얼굴로 이동합니다. 그러자면 수화기를 다른 손으로 바꾸어 들어야죠.

다른쪽 얼굴을 마사지할 때는 실험정신을 좀 더 발휘해도 좋습니다. 손가락으로 가볍게 두드리는 동작을 한다든지, 손바닥을 사용해 뺨을 마사지하는 것 등 다양한 변화가 가능합니다. 이마보다는 턱 부분에 더 집중해 오랜 시간 마사지할 수도 있습니다. 당신의 얼굴에 꼭 맞는 마사지 방법을 찾아보십시오.

호흡을 계속하십시오. 그 작은 휴식 시간을 풍요롭게 만드는 겁니다.

눈 운동 : 눈 근육을 이완시키기

하루종일 컴퓨터 화면을 들여다보고 있다든지 조그만 글씨들을 바라보며 교정 작업을 한다든지 하는 것은 눈에 대단한 부담을 줍니다. 인류가 동굴 생활을 하던 시절 우리 눈은 저녁 식사거리를 발견하는 역할이면 족했습니다. 아, 그리고 다른 동물의 저녁 식사거리가 되지 않도록 경계하는 역할도 했겠군요. 지평선에 나타난 사슴을 관찰하고 또한 덤불 숲에 숨은 배고픈 표범을 찾아내던, 혹은 맛좋은 열매나 식물을 발견해내던 먼 조상들은 끊임없이 눈을 움직여야 했습니다. 가까운 곳에서 먼 곳으로, 오른쪽에서 왼쪽으로, 먼 곳에서 가까운 곳으로 등등 눈의 움직임은 대단히 다양하고 광범위했습니다.

하지만 오늘날의 평범한 회사원은 그런 식으로 눈을 많이 움직이지 않습니다. 근무 시간 내내 가까운 거리에만 시선이 고정되죠. 그럼 어떤 결과를 맞게 될까요? 눈 근육이 굳어져 버립니다. 눈 근육이라니 처음 듣는 개념이라고요? 물론 팔뚝에 불끈 솟는 이두근처럼 잘 보이는 근육은 아닙니다. 하지만 아주 활동적인 작은 근육이지요. 눈 근육이 없다면 우리는 위쪽을 바라볼 수 없을 겁니다. 안구 안에 들어있는 작은 근육은 수정체를 조절하는 역할도 합니다. 우리는 이 섬세한 근육을 수축시켜 코 앞에 놓인 글씨를 읽게 됩니다. 같은 근육이 이완되면 방 저쪽 끝에 걸린 반 고흐의 복제 작품을 감상할 수 있고요. 안구 양쪽에도 작은 근육이 있어 눈이 다양한 방향을 향할 수 있게끔 합니다.

그런데 수축 상태가 오래 계속되고 나면 근육이 이완하기 어렵다는 문제가 발생합니다. 또한 수축하고 있다 보면 피로가 쌓이죠. 당연하지 않습니까? 여덟 시간 동안 노를 저었다면 견디기 어려울 정도로 등이 아파질 겁니다. 그러면 나름대로 치료를 하겠죠. 스트레칭, 뜨거운 물에서의 목욕, 수면 등등. 하지만 눈은 근무 시간 내내 컴퓨터 화면에 고정되어 있더라도 별다른 이상이나 고통 증세를 보이지 않기가 쉽고, 따라서 결국 아무도 눈을 제대로 돌보지 못하게 된다는 것이 문제입니다.

눈 근육의 피로를 풀어주는 방법은 간단합니다. 조금씩 계속 쉬어주는 겁니다. 우선 심호흡으로 시작하십시오. 다음으로는 턱과 목을 이완시킵니다. 그리고 먼 곳을 바라보십시오. 정확히 초점을 맞추지 말고 부드럽고 희미한 시선을 던지십시오. (안경을 쓴 경우라 해도 똑같은 연습을 할 수 있습니다. 원시라고요? 그럼 안경을 벗는 것도 좋습니다. 안경을 쓰고 있어야 마음이 편하다는 사람도 있습니다. 그럼 그렇게 하십시오. 스스로에게 가장 편안한 방법을 택하면 됩니다.)

근처에 창문이 있다면 창 밖을 바라보십시오. 구름의 움직임, 나무의 생김새, 바람에 흔들리는 나뭇잎들, 서로 다른 색깔의 유리창을 관찰하는 겁니다. 주차장이나 고속 도로가 보인다고요? 부드러운 시선으로 자동차의 생김새와 행인들의 행동을 바라보십시오. 커다란 검은 개가 트럭을 타고 지나가는군요. 떼지어 날아가는 새들도 보입니다.……

주변의 사람과 사물을 당신이 어떤 식으로 바라보고 있는지 인식하십시오. 본래 무언가 처다볼 때 집중하는 편이어서 이 연습에서도 뚫어지게 바라볼 수밖에 없었다면 눈에는 전혀 휴식이 없었던 셈입니다. 눈 근육을 움직이면서 어떤 기분이 드는지 살펴보십시오. 구름을 바라보라는 상사의 명령을 이행하는 병정이라도 된 듯한 느낌입니까? '어서 빨리 끝내고 일로 돌아가야겠다.'라는 생각이 듭니까?

　만약 그렇다면 접근 방법을 바꾸어야 합니다. 눈이 훨씬 더 부드럽게 움직이게끔 하십시오. 날카로운 시선이 아닌 무심한 눈길로 주위를 바라보십시오. 기어올라가는 벌레를 찾아내기 위해 창문 유리를 보는 것이 아닙니다. 그저 햇살이 창에 부딪쳐 반사되는 느낌만을 보십시오. 창 밖을 내다보기에는 자리가 너무 멀다고요? 그럼 창틀의 가로선과 세로선을 부드럽게 따라가십시오. 창턱에 무엇이 있는지도 확인해 보십시오.

　창문이 없다면 방안을 살필 수도 있겠군요. 놀이하듯 눈에 뜨이는 모든 것을 바라보십시오. 동료의 책상 위에 올려져 있는 화분은 어떤가요? 부드러운 눈길로 그 모양과 색깔을 확인하십시오. 초점을 맞추지 말아야 한다는 점을 꼭 기억해야 합니다. 의자 등에 걸쳐져 있는 스웨터를 바라볼 수도 있습니다. 그 스웨터는 추상적인 대상일 뿐 그 이상의 아무 의미도 없습니다. 그 접힌 모양이나 질감, 주름 등을 살피십시오. 스웨터의 주인이 누군인지에 대해서는 생각할 필요 없습니다. 그 사람에 대해 평가를 내리자는 것이 아니니까요. 그저 실 한 올 한 올, 무늬, 색깔을 바라보면 그만입니다. 색깔이 마음에 들지 않는다고요? 바라보는 대상에 대해 가치 판단을 내리지 않을 수는 없나요? 그럼 다른 대상으로 넘어갑시다.

　당신의 무릎이나 발을 바라볼 수도 있습니다. 호흡하십시오. 시선을 한층 더 부드럽게 해야 합니다. 어깨가 긴장되지 않는지 확인하십시오. 그랬다면 이완시켜야 합니다. 바닥 깔개의 모양, 색깔, 무늬를 바라보는 것은 어떨까요. 그리고 다시 먼 곳에 있는 대상으로 옮겨갑니다. 무엇을 보는지는 전혀 중요하지 않습니다. 무엇이 되었든, 부드러운 시선으로 호기심 가득해서 바라보면 됩니다. 몇 번 더 심호흡을 하십시오. 이제 다시 무릎을 봅니다. 호흡하십시오. 이런 식으로 가까운 곳과 먼 곳을 몇 차례 번갈아 바라봅니다. 다른 연습과 마찬가지로 여기서도 핵심은 '천천히'입니다. 눈을 지나치게 빨리 앞뒤로 움직여 오히려 눈의 피로를 가중시키지 않도록 하십시오. 편안하고 여유롭게 연습해야 합니다.

늘 코앞에 놓인 서류를 들여다보며 일하는 편입니까? 그렇다면 하루 종일 자주 이 운동을 해 주십시오. 15분에 한번 정도가 좋겠군요. 이렇게 말하면 아주 많은 시간을 빼앗기는 것처럼 여겨질지 모르지만 한번 하는데 기껏해야 2, 30초면 충분합니다. 더군다나 이런 식으로 눈의 긴장을 풀어주고 나면 훨씬 더 효과적으로 일할 수 있죠. 더 많은 일을 하고도 하루 근무가 끝난 후 훨씬 덜 피곤할 겁니다.

이 눈 운동을 끝내면서 마지막으로 할 일이 있습니다. 두 손바닥을 맞대고 10-15초 정도 비벼서 열을 냅니다. 그리고는 손바닥을 부드럽게 눈 위에 가져다 댑니다. 손바닥에서 나는 열이 눈 근육을 진정시키는 거지요. 이게 효과적이냐고요? 하루 종일 힘든 육체 노동을 한 후에는 뜨거운 찜질이 피로를 회복시켜 주지요? 같은 원리입니다. 손바닥의 열은 눈 근육을 이완시켜 줍니다.

힘든 하루를 보낸 후 텔레비전을 보면서 쉬는 버릇이 있는 사람이라면 자주 시선을 다른 쪽으로 돌려야 한다는 걸 기억하십시오! 그렇게 하지 않는다면 눈에 또 다른 피로를 안겨주는 셈이 되어 버리거든요. 광고가 나올 때 눈 운동을 하십시오. 벽에 걸린 그림이나 탁자 위의 커피 잔, 바람에 흔들리는 커튼 자락 같은 걸 바라보는 겁니다. 그리고 심호흡하는 것도 중요합니다!

밥 먹는 시간: 감사함을 연습할 기회

　드디어 점심 시간이 되었군요. 근무 시간중의 점심은 촛불 켜진 식탁에서 사랑하는 사람과 마주앉아 포도주를 마시는 낭만적인 식사와는 거리가 멉니다. 붐비는 식당에서 혼자 샌드위치 접시를 앞에 두고 있나요? 주위의 소음은 우주 로켓 발사 수준과 비슷한 정도입니까? 하지만 실상 이건 자그마한 것에 감사하는 연습을 하기에 딱 좋은 기회입니다. 우선 당신 앞에 놓인 먹음직스러운 참치 샌드위치가 어떤 복잡한 과정을 거쳐 만들어졌는지부터 생각해봅시다. '이 샌드위치가 만들어지는데 핵심적인 역할을 한 사람은 누구인가?'라는 질문에 답해보는 겁니다.

어떤 사람이 떠오르게 될 지는 전적으로 당신의 상상력에 달려 있습니다. 예를 들자면 종자의 품질을 관리하는 종묘회사 직원, 트랙터를 운전하며 밭을 갈고 씨를 뿌리는 농부, 농사를 위해 관개 시설을 설계한 엔지니어, 더운 여름날 허리를 구부리고 야채를 재배해 생산한 농촌 아낙 같은 이들이 있을 겁니다. 몇 시간이고 밭에서 일하는 건 정말 힘든 노릇이죠.

이 모든 사람에게 감사를 표합시다. 그런 마음을 먹기 어려운 상황이라고요? 귀가 멍멍할 정도로 떠들어대는 사람들 틈에 섞여 있어서요? 안방에 혼자 앉은 듯 스포츠 신문을 넓게 펴놓고 밥 먹는 옆자리의 무례한 때문에요? 호흡하십시오. 길고 깊게 말입니다. 그리고 무례한에게는 신문을 좀 접어 달라고 정중하게 부탁하십시오. 그리고 다시 원래 생각으로 돌아오는 겁니다.

그럼 계속 관련된 사람들을 떠올려 봅시다. 차가운 비가 내리는 와중에 새벽 4시까지 그물을 끌어올려 생선을 잡은 어부가 있군요. 그 생선을 싣고 고속도로를 달린 트럭 운전사도 있습니다. 그 운전사는 라디오를 들으며 쉴새 없이 차를 몰았을 겁니다. 트럭에 기름을 넣어준 주유소 직원도 있습니다. 또 당신이 앉아있는 식당의 종업원과 주방장도 당신에게 샌드위치를 가져다주는데 결정적인 역할을 했습니다. 정말 놀라울 정도로 많은 사람들이 떠오르지 않습니까? 모두들 당신의 한끼 점심 식사를 위해 힘들게 오래 일한 사람들입니다. 그 모두에게 감사를 표합시다.

잠깐만요! 그 모두에 대해 한꺼번에 인사하지는 마십시오. 한번에 한사람씩 떠올려야 합니다. 천천히 주의 깊게 사람들을 짚어 나가십시오. 그 각각의 모습을 떠올려 보십시오. 그리고 심호흡을 하면서 직접 감사 인사를 건네십시오. 당신은 워낙 머리가 좋으니까 한 이백 명 정도는 충분히 생각해 냈을 겁니다.

그러다가 밥 먹는 시간이 한정 없이 늘어나 버리면 어떡하느냐고요? 게눈 감추듯 식사를 끝내는 편이 좋다고요? 그럼 우선 주문한 음식이 나오기를 기다리면서 이런 생각을 해 보십시오. 그럼 지루한 기다림이 흥미진진한 시간으로 바뀌지요. '도대체 손님 대접을 이 따위로 하는 식당이 있다니!' 라며 투덜거리는 대신 열중할 일이 생기는 겁니다.

두 번째로 이런 생각을 하다보면 저절로 밥 먹는 속도가 느려진다는 것도 아주 중요합니다. 허겁지겁 먹다 보면 정말 감당할 수 없이 많은 양을 먹기 쉽습니다. 빨리 먹을수록 많이 먹게 되지요. 속도를 늦추면 양도 줄어듭니다. 배속에 음식이 너무 많이 들어가면 더 많은 혈액이 소화기로 가야 합니다. 그럼 자연히 두뇌로 가는 혈액은 줄어듭니다. 오후 회의에서 총명함을 과시할 수 없게 되지요. 또 장담하건대 게걸스레 먹지 않는다면 점심 식사 시간도 훨씬 더 즐거워질 겁니다!

자, 지금부터 이렇게 열심히 일해 준 사람들에게 감사하는 시간을 가지도록 합시다. 스파게티, 야채 샐러드, 된장찌개 등 다양한 메뉴에 따라 상상의 나래는 한없이 넓게 펼쳐질 것입니다. 아직 감사해야 할 사람들을 채 절반도 생각하지 못했는데 음식이 나와버릴지도 모릅니다. 그렇다면 나머지는 다음 날의 식사시간으로 미루면 됩니다. 아니면 먹으면서 계속할 수도 있고요.

당신의 한끼 식사를 가능하게 해 준 자연에 대해서도 생각하십시오. 태양은 어떤가요. 야채는 햇빛을 받아 자랍니다. 수세기 동안이나 인류는 규칙적으로 뜨고 지는 해를 찬양해 왔습니다. (그리고 월식 때마다 엄청난 공포에 사로잡혔지요.) 하지만 오늘날의 사람들은 그에 대한 고마움을 잊어버렸습니다. 따스한 햇빛은 지극히 당연한 것이라 생각하고 말죠. 웨이터들이 주문받은 내용을 큰 소리로 주방에 알리고 접시들이 달그락거리는 소리를 내며 계산대의 금전등록기가 벨소리를 내는 도심의 식당에서 자연에 대해 생각한다는 건 정말 신선한 경험입니다.

식당의 창 밖으로 시선을 돌려보십시오. 거리 위로 쏟아져 내리는 햇살을 지켜보십시오. 지나가는, 혹은 주차되어 있는 차 지붕 위로 햇빛이 반사되는군요. 노란 단풍잎 역시 햇빛이 만들어낸 작품입니다. 대단하죠? 지구로부터 무려 9천 3백만 마일이나 떨어진 곳에서 훨훨 타오르는 그 구체가 없었다면 우리 행성에서는 아무런 생명체도 살 수 없었을 겁니다. 차가운 황무지 뿐이었겠죠. 그럼 야채도 빵도 생선도 없습니다. 물론 그걸 먹을 인간도 없었겠지만요.

생명의 원천인 바다는 어떻습니까? 그 안을 헤엄치는 수많은 플랑크톤은요? 좁쌀만한 것부터 우리 눈에 보이지 않는 것에 이르기까지, 유리처럼 투명해 속이 들여다보이는 것부터 분홍이나 푸른 빛을 띠는 것에 이르기까지 바다 속 어디에나 존재하는 플랑크톤은 작은 물고기의 먹이가 됩니다. 작은 물고기는 좀더 큰 물고기의 먹이가 되고 다시 더 큰 물고기가 그걸 잡아먹고……이런 과정을 거쳐 샌드위치 속의 참치까지 이르는 거죠. 플랑크톤이 없다면 참치 또한 없을 겁니다. 그러니 온 바다의 동식물이 모두 당신의 한 끼 점심 식사를 위해 애써준 셈입니다. 감사 인사를 하십시오.

먹이 사슬의 최정상에 위치한다는 건 일종의 특권입니다. 사무실로 돌아가기 전에 잠시 그 점에 대해 감사하는 시간을 가지십시오.

우체국에서: 균형 연습

인터넷이나 팩스, 퀵 서비스 같은 고속 통신이 일상화된 시대입니다. 그런 만큼 우체국에 가야 한다는 건 짜증스럽고 지루하게 느껴질 수 있죠. 우체국 안에서 순서를 기다리며 균형 연습을 해보는 것은 어떨까요. (하이힐을 신고 있다면 삼가기 바랍니다.) 우선 들고 있는 짐을 바닥에 내려놓습니다. 줄이 앞으로 이동하면 잠시 연습을 중단하고 짐을 끌며 앞으로 옮겨가야겠죠?

시작은 산과 같은 자세입니다(잘 기억이 나지 않는다면 3부의 '산과 같은 자세: 남의 눈에 뜨이지 않는 척추 스트레칭' 편을 다시 보십시오).

길고 깊은 심호흡을 몇 차례 한 후 척추와 등 근육을 길게 잡아늘여 올립니다. 정면을 바라보되 시선을 부드럽게 하십시오. 얼굴 근육도 이완시키십시오. 잠시 시간을 두고 집중하는 자세를 갖춥니다. 1974년 세계 무역 센터 쌍둥이 빌딩 사이에 1,350 피트의 줄을 매고 그 위를 걸었던 프랑스인 필립 프티처럼 말입니다. 그는 아래에서 올려다보는 사람들의 탄성과 격려 속에서 줄타기 세계 기록을 세운 후 사전 허락을 받지 않았다는 이유로 구속되었습니다. 하지만 당신은 걱정할 필요가 없습니다. 체포되는 일은 일어나지 않을 테니까요. 물론 세계 기록도 없을 테지만 말입니다.

집중하는 방법은 다음과 같습니다. 첫째, 12피트 정도 앞에 있는 지점, 바닥이나 벽 위 지점을 하나 정합니다. 그리고 균형 연습을 하는 동안 거기에 시선을 두는 겁니다. 노려볼 필요 없이 부드러운 눈길을 던지십시오. 포스터나 광고 문구가 아닌 한 지점을 정해야 한다는 데 주의하십시오. 둘째, 호흡을 고르십시오. 들숨과 날숨을 조심스레 관찰하고 호흡 유형을 살피는 겁니다. 셋째, 균형 연습을 시작하십시오.

엉덩이 넓이만큼 다리를 벌립니다. 그리고 왼쪽 다리에 천천히 체중을 싣습니다. (대부분의 사람들이 오른손잡이이기 때문에 왼쪽 다리라고 했습니다. 오른손잡이에게는 왼쪽 다리가 더 중요한 역할을 하고 그래서 더 튼튼합니다. 균형잡기도 더 쉽죠. 하지만 왼손잡이라면 오른쪽 다리를 먼저 연습하십시오. 양손을 다 쓰는 사람이라면 어느 쪽 다리를 먼저 하든 상관없습니다.) 여기서 중요한 것은 '천천히' 해야 한다는 점입니다. 서두르다보면 절대 균형을 잡을 수가 없습니다!

처음에는 오른쪽 다리도 바닥에서 떼지 마십시오. 왼쪽 발목에서 시작해 점점 위쪽으로 천천히 몸을 늘여 올립니다. 다리에서부터 등으로 스트레칭이 점점 올라온다는 느낌을 가지십시오. 상체의 앞과 뒤를 스트레칭하여 위로 올리십시오. 목도 더 길어진다는 느낌이 들 겁니다. 맛있는 나뭇잎을 찾아 아프리카 평원을 다니는 기린처럼 말입니다.

이제 몸의 균형 상태를 확인합시다. 귓불에서 발에까지 이르는 수직선을 하나 그린다고 합시다. 측면에서 당신 몸을 살펴보십시오. 수직선은 어깨 중심부, 엉덩이, 무릎으로 연결된 후 발목 약간 앞쪽으로 이어집니다. 몸매나 뱃살 따위에 신경을 쓰지 말고 직선 상태만을 확인하십시오. 자신의 모습을 바라보며 계속 투덜거리는 것도 우리가 없애 버려야 할 낡은 습관입니다.

이제 온 몸의 무게를 모두 왼쪽 다리에 옮깁니다. 무게가 실리는 동안 척추를 위쪽으로 길게 늘여 올리는 것을 잊지 마십시오. 왼쪽 엉덩이가 왼쪽으로 처지지는 않았는지도 확인하십시오. 어깨를 잡아늘이게 되면 자연히 엉덩이는 바른 자세로 정면을 향할 것입니다. 준비가 다 되었다고 생각되면 천천히 오른쪽 다리를 듭니다. 지면에서 아주 약간 떨어진 높이에서 멈추십시오. 5~8센티미터면 충분합니다. 하지만 아주 아주 천천히 움직여 이 정도 높이에 도달해야 합니다. 한쪽 발을 올리는 동안 다른 쪽 발은 바위처럼 굳건하게 버티고 있게끔 하십시오. 왼쪽 무릎을 약간 구부린다면 균형잡는 데 도움이 됩니다. 호흡하십시오. 몸이 흔들리기 시작합니까? 괜찮습니다. 필요하다면 다리를 좀 더 구부리는 경우 균형을 잡을 수 있습니다. 일단 균형이 잡히면 다시 아까 자세로 돌아가고요.

주위에서 일어나는 일들로부터 스스로를 분리시키는 연습을 하십시오. 우체국 직원의 일 처리 속도가 참을 수 없을 정도로 느립니까? 그렇다면 '손이 느린 사람이군'이라고 중립적으로 생각하면 그만입니다. 그리고는 바로 다리와 등을 따라 이어진 스트레칭에 주의를 돌리면 되죠. 앞에 서 있는 아가씨가 우체국의 형편없는 서비스 때문에 투덜거리고 있나요? 그럼 그 마음을 이해하고 공감해주어도 좋습니다. 그리고는 다시 균형 연습으로 되돌아가십시오. 다시 말해 주위에서 일어나는 일에는 부차적인 관심만 보이라는 겁니다. 살짝 곁눈질하는 것으로 충분합니다. 어떤 상황이 벌어지더라도 결국 당신의 관심은 다른 곳에 집중되어 있는 거지요.

처음에 연습할 때는 조금 불안한 생각이 들지도 모릅니다. '도대체 내가 뭘 하고 있는 거야?' 균형 연습을 왜 해야 할까요? 어떻게 해야 균형을 잡을 수 있는지 배우기 위해서는 물론 아닙니다. 당신은 고공 줄타기 전문가나 서커스 단원이 될 생각은 꿈에도 없으니까요. 균형 연습의 핵심은 마음의 집중에 있습니다. 균형이란 곧 집중이지요. 근육을 적절히 다루고 신체적으로 유연해야 하는 것도 사실입니다. 하지만 그 대부분은 정신적인 집중력이 좌우합니다. 균형 잡기가 성공하자면 마음이 한 점에 모아져야 합니다.

잠깐이라도 다른 곳에 정신이 팔리면 균형은 곧 무너집니다. (다행히 우리 연습에서는 그래보았자 8센티미터 아래에 탄탄한 바닥이 있으니 걱정할 것은 없습니다.) 우체국 직원이 무슨 말을 하는지 들으려고 귀를 기울이면 저절로 몸이 흔들리기 시작할 겁니다. 초보자들은 살짝만 정신이 흐트러지더라도 바로 균형을 잃고 맙니다. 처음 몇 차례 실패하고 나면 당신은 다른 이유를 찾으려 들지 모릅니다. "우리 식구 중에는 이런 식으로 외발 서기를 할 줄 아는 사람이 없어." "난 본래 균형 감각이 형편없거든." 등등.

요가나 체조 같은 분야에서 훈련받지 않은 사람이라면 처음부터 균형을 잘 잡기란 불가능합니다. 그 점을 인정하십시오. 그리고 연습을 계속해야 합니다. 호흡을 가다듬으십시오. 제멋대로 방향을 바꿔 나가는 마음을 다잡으십시오. 실패에 대한 자책이 머리 속을 가득 채우고 있습니까? 그 자책을 직시하고 떠나보내십시오.

현재 자기가 하고 있는 균형 연습에 전적으로 집중하면 어떤 일이 일어나게 되는지 살펴보십시오. 그 순간에는 좀체 줄어들지 않는 대기 줄도, 불친절한 우체국 직원도, 우편 서비스의 비효율성도, 주가도, 아픈 시어머니 일도 잊고 맙니다. 발목으로부터 등을 거쳐 목에까지 이르는 스트레칭에만 온 정신이 팔려 있기 때문입니다. 그리고 그 와중에 길고 깊은 호흡을 계속해야 한다는 것 하고요!

이 연습은 현재 경험하는 순간을 완전히 다른 것으로 바꾸는 기회입니다. 줄서기라는 평범한 일상이 매력적인 경험으로 돌변합니다. 혹시나 해서 자꾸 말합니다만 균형 연습은 누구든 배울 수 있습니다. 물론 처음에는 계속 몸이 흔들릴지 모릅니다. 자꾸만 발을 다시 내려놓게 될 수도 있습니다.

흔들린다고 해서 나쁠 것은 없습니다. 발과 발목의 건강을 위해서는 오히려 좋은 일입니다. 몸이 흔들릴 때 발과 발목의 작은 뼈, 근육, 인대는 부드럽게 움직입니다. 이게 왜 좋으냐고요? 활액이라 불리는 일종의 윤활유가 뼈를 이어주는 연골 조직 주위에 배출되거든요. 그 결과 관절이 튼튼해집니다.

차차 알게 되겠지만 균형 연습이란 아주 흥미로운 경험입니다. (익숙해지고 나면 우체국에서 절대 지루해할 틈이 없을 겁니다.) 균형 연습에 통달하고 나면 어떻게 되느냐고요? 우선 당신의 신체적 능력에 하나가 더해집니다. 또한 그보다 훨씬 중요한 점은 그 우스꽝스럽게 여겨질 정도로 간단한 신체 동작이 감정적, 정신적 균형을 유지시킨다는 겁니다. 그래서 당신은 작은 일에 쉽게 동요하지 않게 됩니다. 깃털 하나로는 꿈쩍도 하지 않는 존재가 되는 거지요. 전에는 한없이 까탈스럽고 사소한 것에 잔소리를 늘어놓는 고객을 상대하면서 흥분하곤 했는데 이제는 더 이상 그렇지 않습니다.

  균형 연습의 달인은 누구일까요? 그건 두말할 것 없이 얕은 못에 한 다리를 담그고 선 우아한 왜가리입니다. 그렇게 선 채 저녁거리가 근처를 헤엄쳐 지나갈 때까지 기다리는 거지요. 잠시도 주의를 게을리 하지 않으면서 말입니다. 그러면서도 완전한 정지 상태를 유지합니다.

당신은 아틀라스가 아닙니다.
어깨와 등에 휴식을 주십시오.

온 세계를 어깨 위에 떠메고 있습니까? 당신은 아틀라스가 아닙니다. 온 지구의, 아니면 온 회사의 고민거리를 다 짊어질 만큼 힘이 세지도 않습니다. 스스로에게 휴식을 주십시오. 어깨와 등을 이완시키는 스트레칭이 필요합니다.

이건 책상에 앉은 상태에서도 가능한 스트레칭입니다. 바퀴 달린 의자라면 등받이를 벽이나 캐비닛에 기대 움직이지 않도록 하십시오. 엉덩이는 등받이에서 약간 떨어지게 둡니다. 10~13센티미터 정도 떨어지면 되겠군요. 이제 길고 깊은 호흡을 몇 번 반복합니다. 그리고 부드럽게 척추를 구부렸다가 폈다가 합니다. 구부릴 때는 의자에 파묻힌다는 기분으로 등 위쪽과 아래쪽을 모두 둥글게 하십시오. 참 신나는 순간이죠? 늘 척추를 늘여 올리는 연습만 해 왔는데 말이죠. 지금만큼은 반항적인 10대가 그렇듯 자세를 마음껏 헝클어뜨려도 좋습니다.

하지만 이 때 등에 통증이 느껴진다면 주의해야 합니다. 등에서부터 다리까지 찌르는 듯한 아픔이 느껴진다거나 다리 저림 같은 신경 증세가 나타났다면 의사와 상담하도록 하십시오.

위에 언급한 유형에 들지 않은 사람이라면 걱정할 것 없이 등을 구부리십시오. 가슴이 U 곡선을 그리도록 해 봅시다. 어깨도 둥글게 앞으로 모으고 머리는 앞으로 숙입니다. 턱은 가슴까지 닿도록 내리십시오. 몇 번 더 심호흡을 하십시오. 자, 이제 척추를 펴기 시작합니다. 위쪽으로 올려 늘이는 겁니다. 아래쪽 등에서부터 늘이기 시작하십시오. 그리고는 점점 더 위쪽으로 이어지도록 합니다.

이제 고개를 들고 시선을 눈앞의 벽 위쪽에 고정하십시오. 목이 부담을 느껴 굳어질 정도로 너무 위쪽을 바라보지는 마십시오. 천장을 보고 있습니까? 그럼 얼굴을 너무 높게 쳐든 셈입니다. 위쪽 등과 어깨를 부드럽게 뒤로 젖혀 곡선을 그리십시오. 억지로 힘을 주지는 마십시오. 천천히 부드럽게 스트레칭 해야 합니다. 호흡하십시오.

 이 스트레칭은 너무 단순하기 때문에 다른 데 정신이 팔리기 쉽습니다. 전화벨이 울리고 있나요? 저쪽에 앉은 동료가 웃음을 터뜨렸나요? 그럼 전화를 받거나 무슨 재미있는 일이 있는지 알아보고 싶어질지 모릅니다. 그런 충동을 억눌러야 합니다. 등에서 느껴지는 감각에 정신을 집중하십시오. 등의 어떤 부분이 여전히 딱딱하게 느껴지는지, 어떤 부분이 특히 유연한지 살펴보십시오. 척추의 움직임을 관찰하십시오. 유연하게 움직입니까, 아니면 중간 중간 어디 걸린 듯 덜컹거립니까? 판단하려 들지는 마십시오. 그저 놀랍게 복잡한 척추의 구조에 감탄하며 바라보면 그만입니다.

 하루 일과를 서둘러 해치우는데 익숙해 있다면 이 스트레칭 또한 빨리 해내고 싶은 생각이 들 겁니다. 하지만 아무리 천천히 해 보았자 2,3분이면 충분합니다! 아주 아주 천천히 움직이는 즐거움을 느껴 보십시오. 좀 더 천천히 부드럽게 해 보겠다는 욕심을 가지십시오.

 이 스트레칭은 척추 디스크에 휴식을 가져다줍니다. 디스크에 왜 휴식이 필요하냐고요? 잠시 디스크의 구조를 살펴보아야겠군요. 디스크는 연골조직이 두껍게 뭉쳐진 원판 모양으로 척추 뼈 사이 사이에 있습니다. 가장자리는 딱딱하지만 가운데 부분은 젤리처럼 물렁물렁하고 부드럽습니다. 디스크는 상당히 많은 공간을 차지합니다. 다 합치면 척추 길이의 1/4에 달할 정도니까요. 그럼 디스크는 어떤 역할을 하고 있을까요? 디스크는 척추 마디를 분리시키고 충격을 흡수합니다. 디스크가 없다면 뼈와 뼈가 바로 부딪칠 겁니다. 그럼 너무 고통스러워서 조금도 움직일 수 없게 되겠죠!

디스크는 척추의 모든 움직임을 주관합니다. 등뼈를 여러 방향으로 움직이는 것은 건강에 좋습니다. 이는 바로 디스크가 움직여 줌으로써 가능합니다. 등을 앞으로 구부리면 디스크의 앞면이 압박을 받습니다. 뒤로 구부리면 디스크 뒤쪽이 눌리고요. 우리 대부분은 등을 움직이지 않은 채 앉거나 서 있는 버릇을 가지고 있고 이렇게 되면 디스크는 계속 한쪽만 눌리고 맙니다.

디스크가 척추에서 미끄러져 빠져 나오거나 하는 일은 벌어지지 않습니다. 디스크는 척추에 아주 단단히 붙어있기 때문에 쉽게 제자리에서 빠져 나올 수 없거든요. 하지만 모양은 변형될 수 있습니다. 그리고 그것이 많은 문제를 야기하곤 합니다. 척추가 충분히 움직이지 못하고 디스크가 늘 한 방향으로만 힘을 받게 되면 디스크는 휘어지거나 굽고 맙니다. 그리고 주위 조직을 압박하며 고통을 주게 되죠.

척추와 디스크를 건강하게 유지하는 최상의 방법은 규칙적으로 부드럽게 움직여주는 것입니다. 따라서 하루에도 여러 번 등을 구부렸다 다시 펴주는 연습은 대단히 유용합니다. 당신 척추는 그런 수고에 반드시 보답할 것입니다!

 이제 어깨 스트레칭을 덧붙여 봅시다. 어깨를 귀까지 끌어올립니다. 그리고 다시 아래로 내립니다. 어깨를 끌어올릴 때는 긴 들숨을 쉬고 어깨를 내려놓을 때는 완전히 숨을 내쉽니다. 두세 차례 반복하십시오.

 마지막으로 어깨 돌리기를 합니다. 귀까지 어깨를 끌어올린 후 등뒤의 벽을 향해 뒤로 뺍니다. 그리고는 아래로 내린 후 제 위치로 끌어당깁니다. 다시 앞으로 끌어올렸다가 뒤로 보내고 내려놓았다가 앞으로 당기는 과정을 반복합니다. 이 때 머리는 똑바로 세우고 앞을 보십시오. 상체만 움직이는 겁니다. (이 동작을 하다보면 자연히 등은 앞으로 구부러졌다가 뒤로 당겨지게 됩니다.) 최대한 부드럽고 유연한 동작을 취하십시오.

 목과 턱이 긴장되지 않았는지 확인하십시오. 충분히 이완되어 있어야 합니다. 이제 반대 동작을 할 차례입니다. 양어깨를 바깥쪽으로 구부립니다. 움직일 수 있을 때까지 당기십시오. 호흡을 잊지 말고요. 몇 번 이 동작을 반복하십시오.

 의자에 조금 오래 앉아 있었다 싶은 생각이 들면 언제든 지금 소개한 어깨와 등 운동을 하십시오. 교통 정체 때문에 차안에 갇혔다든지, 병원 대기실에서 순서를 기다린다든지, 지하철을 타고 있다든지 할 때, 혹은 집에서도 말입니다. 하루의 피로를 텔레비전 앞에서 푸는 편이라고요? 그렇다면 텔레비전 프로그램이 지루한 느낌을 줄 때 이 운동을 통해 기분을 전환하십시오.

상사와 면담하기 전에: 뿌리를 내리기

　상사의 호출이 왔습니다. 한시간 후에 보자고 하는데 목소리가 별로 유쾌한 편이 아닙니다. 도대체 무슨 이야기를 듣게 될지 알 수 없습니다. 당연히 불안하고 두려운 마음이 들 겁니다. 뿌리 내리기 연습은 바로 이럴 때 필요합니다.

　이집트 자세로 들어갑시다. 깊고 길게 호흡하십시오. 다리를 꼬지 말고 두 발을 바닥에 내려놓습니다. 척추를 위로 늘려 당깁니다. 어깨와 머리, 그리고 얼굴을 모두 이완시키십시오. 두세 번 더 심호흡을 합니다.

발에 대해 인식하십시오. 신발 안에 들어있는 발을 느끼십시오. 신발이 너무 꽉 끼지 않는다면 발끝을 가볍게 흔들어 주십시오. (금방 신고 벗을 수 있다면 잠시 구두를 벗어두어도 좋습니다.) 발끝이 양말이나 스타킹 안에서 움직이는 것을 느껴 보십시오. 이제 두 발에 균일한 힘을 주며 땅을 디딥니다. 발끝과 발바닥, 뒤꿈치가 모두 발아래 바닥 혹은 카펫에 단단히 연결되어 있다는 느낌이 듭니까?

이제 발에서 뿌리가 자라나 아래로 내려가고 있다고 상상하십시오. 뿌리는 바닥을 뚫고 내려갑니다. 사무실이 고층빌딩 꼭대기에 있다면 뿌리가 콘크리트와 철근, 대리석을 통과해 계속 아래로 내려가야겠지요. 아래층을 지나, 회계 팀과 인사 팀을 지나 로비의 안내 데스크를 지나 화물 엘리베이터를 지나 건물 아래의 풍요로운 대지에 도착합니다.

당신 몸에서 나온 뿌리가 마음껏 갈라지면서 주차장 아래까지 뻗어 가는 모습을 떠올려 보십시오. 뿌리는 건물 앞 차도에 서 있는 트럭, 분주히 오가는 사람들, 과일 가게에 쌓인 사과 더미를 스치고 지나갈 겁니다.

뿌리가 점점 자라나 땅 밑으로 뻗어감에 따라 당신은 안도감을 가지게 됩니다. 확실한 토대가 떠받쳐 주는 셈이니까요. 호흡하십시오. 길고 깊은 심호흡 말입니다. 척추를 위쪽으로 부드럽게 끌어올립니다. 목과 턱, 얼굴 근육을 이완시키십시오.

뿌리는 단단하고 집요합니다. 장애물이 있다면 피해서 길을 재촉합니다. 콘크리트의 갈라진 틈을 기어이 찾아내고 초석 주위를 돌며 내려갑니다. 필요하다면 커다란 바위도 두 조각 낼 수 있습니다. 당신의 뿌리가 장애물과 조용히, 하지만 굴하지 않고 씨름하는 광경을 상상하십시오.

일단 자라나고 나면 나무는 믿을 수 없을 정도로 탄탄합니다. 시속 90킬로미터의 바람이 가지를 흔들어댄다 해도 깊이 뿌리내린 참나무는 아주 약간 흔들릴 뿐입니다. 당신의 뿌리가 얼마나 단단하게 당신을 받쳐주는 지 생각하십시오. 상사가 오늘 무어라고 소리를 질러대더라도 당신은 끄덕하지 않을 겁니다. 회의 때는 침착함과 평정을 잃지 마십시오. 그저 호흡하면서 대지에 의지하면 그만입니다.

이제 다시 두 발에 관심을 돌려봅시다. 발바닥이 그리는 곡선, 발 옆부분, 발끝 등등. 우두둑 소리가 날 정도로 발가락을 움직여 보십시오. 양말이나 스타킹을 신고 있다면 발가락을 오므렸다가는 활짝 펼쳐 보십시오. 몇 번 반복하십시오. 그리고는 다시 발이 바닥에 굳건하게 뿌리내리고 있다는 생각으로 돌아가십시오.

상사를 만나러 가기 전에 스스로에게 약속을 하나 합시다. 비판적이고 부정적인 소리를 듣게 된다 해도 자신에게는 긍정적인 피드백을 주겠다고 말입니다. 이때까지 제대로 해낸 많은 일에 대해서 스스로 등을 두드리며 격려할 수도 있습니다.

뿌리는 유연합니다. 어디로 뻗어나갈지 아무도 알 수 없습니다. 땅 밑에서 뿌리는 똑바로 내려가기도 하고 지그재그가 되거나 커다란 원을 그리기도 합니다. 바위 주위에서 굽어졌다가는 다시 똑바로 내려가기도 하지요. 호흡하십시오. 당신 역시 상사와 만나면서 유연성을 발휘하게 될 겁니다. 굳건히 서서 움직이지 않을 태세를 갖추었지만 필요하다면 계획된 행로를 수정하는 것도 가능합니다.

스스로를 격려하는 혼잣말을 하십시오. 당신은 그렇게 격려 받을 자격이 있습니다. 현명하고 창의적이며 능력이 있으니까요. 당신은 사람들을 좋아합니다. 컴퓨터도 잘 다루고 수학도 잘 하죠. 그런 여러 가지 재능 덕분에 지금 그 자리에서 일하게 된 것입니다. 이러한 재능은 당신 깊숙한 곳에 자리잡아 늘 당신을 굳건히 지탱해 줍니다.

또한 상사 역시 한 인간에 불과하다는 점을 기억하십시오. 그리하여 약점과 장점을 가지고 있지요. 상사에게도 친구, 가족, 자녀, 조카 등 사랑을 쏟고 또 그만큼 사랑을 되돌려 받는 상대가 있을 겁니다.

당신은 상사를 어떻게 부르고 있습니까? 고약한 별명을 붙여놓은 것은 아닙니까? 그렇다면 혼잣말이나 친구와 수다떨 때 상사를 부르는 방법을 재고할 필요가 있습니다. 과장님, 부장님 등 객관적인 호칭을 사용한다면 좀 더 중립적으로 상대를 생각할 수 있습니다.

상사와의 만남이 잘 끝나기를 바랍니다. 아 참, 신발을 제대로 신고 들어가야 하는 걸 잊지는 않았죠?

집에서 할 수 있는 연습을 알려 드리겠습니다. 압박이 상대적으로 덜할 때 뿌리 내리기 연습을 한다면 다음 번 스트레스 상황에서는 더 잘 대처할 수 있을 겁니다. 좋아하는 나무가 있나요? 뒷마당의 커다란 소나무가 좋다고요? 아니면 이웃집 정원의 목련 나무요? 길가의 벚나무라고요? 시간이 나면 좋아하는 나무에 대해 공부를 좀 해 보십시오.

나무의 그 끈기와 힘, 강한 뿌리를 생각하십시오. 나무의 뿌리는 하늘 높이 솟은 줄기만큼이나 땅 속으로 깊이 박혀 있습니다. 도시에 살고 계시다고요? 도심 한복판 복잡한 차도 가장자리에 서 있는 나무들은 그만큼 풍성하고 깊은 뿌리를 가지고 있지 않을 수도 있습니다. 하지만 그 뿌리들 역시 놀랍기는 마찬가지입니다. 아스팔트를 지나 수도관과 가스관을 피하며 땅속으로 뻗어나가기 때문이죠. 당신이 좋아하는 그 나무가 얼마나 대단한 일을 해냈는지 생각하십시오. 가뭄을 이기고 폭풍을 이기고 벼락도 피해 살아남았습니다. 진정 경탄하고 칭찬해마지 않을 일이 아닙니까!

나무의 그런 강하고 탄탄한 뿌리를 당신도 가져 보십시오.

5부
어디론가 가고 있는
시간을 위해

왜 서두르는 겁니까?
천천히 가보면 어떨까요?

　솔직히 인정하십시오. 퇴근 후 무슨 대단한 언론과 인터뷰 약속이 되어 있는 것이 아니죠? 영화배우와 저녁을 먹기로 한 것도 아닙니다. (설사 그렇다고 해도 얼굴이 붉게 상기되어 땀을 흘리기보다는 상쾌하고 차분한 모습으로 식당에 들어서는 편이 나을 겁니다.) 그런데도 왜 당신은 서둘러 지하철 계단을 달려 내려가는 겁니까? 아주 천천히, 여유롭게 지하철 플랫폼으로 향한다면 어떤 일이 일어날까요?
　느림보 걸음을 연습하기 위해서는 미리 준비를 좀 해야 합니다.

느림보 연습을 걷기로 결심한 날이라면 평소보다 5~6분 빨리 집을 나서도록 하십시오. "나한테는 거북이처럼 느릿느릿 걸어야 할 필요가 없어요!"라고 항의하게 될지도 모릅니다. 물론 그렇습니다. 하지만 한번 해보고 나면 그럴 필요가 있다는 걸 알게 될 겁니다.

지하철 계단을 달려 내려가는 습관이 있는 사람에게는 느릿느릿 걷는 일이 쉽지 않습니다. 역에 가까이 다가가게 되면 붉은 신호등을 상상하십시오. 그리고 걸음을 늦추는 겁니다. 아니면 "난 천천히 평화롭게 걸어갈 거야." "난 기어가는 거야." "갈 데 없는 사람처럼 빈둥거리는 거야"라고 스스로에게 말을 할 수도 있습니다.

역 근처로 가면 누가 빨리 플랫폼으로 들어가나 경주라도 벌이듯 정신없이 달려가는 사람들이 보일 겁니다. 그리고 모두들 곧 당신을 앞서 가버리겠죠. 좌우의 사람들은 다급하게 계단을 내려갑니다. 동요하지 말고 느림보 걸음을 계속하십시오.

누군가 못마땅한 눈으로 당신을 바라보며 "좀 빨리 움직이지."라고 투덜거릴지도 모릅니다. 그럴 때는 심호흡을 하십시오. 그리고 '아다지오' 박자의 걸음을 계속하십시오. 지금 당신은 걷고 있는 겁니다. 뛰어가는 주변 사람들의 아드레날린에 감염될 필요는 없습니다. 뛰고 싶은 충동을 억누르십시오. 다른 사람들이 마구 곁을 스쳐 앞질러 갈 때 이렇게 하기란 정말 힘듭니다. 사람들의 찌푸린 얼굴이나 투덜거림, 무언의 비난을 받아넘기십시오. 심호흡을 하면서 원래 속도를 유지하는 겁니다. 어쩌면 다리에 석고 붕대라도 감고 있다고 상상하면 도움이 될지도 모릅니다. 그럼 당연히 천천히 움직일 수밖에 없을 테니까요.

불가능한 일로 여겨집니까? 한가롭게 계단을 내려가면서 심호흡을 하고 다른 생각을 하십시오. 살아오면서 얻어낸 커다란 성취에 대해 기억하십시오. 열 여덟 시간의 산통을 견뎌내고 아들을 낳았던 일, 힘들게 노력해서 대출금을 갚았던 것, 사람들 앞에서 롤러 블레이드 묘기를 성공적으로 마쳤던 경험 등등. 청혼 후 부모님의 승낙을 얻어냈던 일도 있겠군요. 모두 당신이 해낸 놀라운 성취입니다. 그러니 천천히 걸어가는 일쯤이야 얼마든지 해낼 수 있습니다.

자, 이제 계단을 다 내려왔군요. 호흡하십시오. 플랫폼 입구가 얼마 남지 않았습니다. 다시 호흡하십시오. 지금까지의 느림보 걸음을 계속해야 합니다. 마침내 표를 집어넣어야 하는 순간입니다. 플랫폼으로 달려 들어오는 열차가 보입니다. 오늘 아침, 일부러 5분 먼저 나왔던 것이 기억나나요? 이제 그 여유 시간의 이점을 누릴 때입니다. 조심조심 천천히 걸으십시오.

물론 이건 쉽지 않은 일입니다. 평소 습관대로라면 당장 달려가야 할 테니까요. 열차를 놓칠 수도 있습니다. 지금 이 열차가 지구 멸망 이전의 마지막 열차가 될지도 모릅니다. 뒤따라오다가 화난 사람한테 목덜미를 잡힐 수도 있습니다. 그럼 조용히 옆으로 비켜서 그 사람을 먼저 보내주십시오. 계단을 뛰어내려가다가 목이 부러지든 말든 그 사람 자유니까요.

집표기 앞에서 잠시 걸음을 멈춥니다. 숨을 들이쉬었다가 내쉬십시오. 세상에서 가장 긴 호흡처럼 느껴집니까? 이제 표를 집어넣고 입구를 통과합니다. 당신은 해냈습니다! 이제는 즐거운 걸음으로 열차에 다가가도 좋습니다. 하지만 아마 그러고 싶은 기분이 안 들 겁니다. 우습지요? 계속 어슬렁거리며 사방으로 달려가는 출퇴근족들을 느긋하게 구경하고 싶을 겁니다.

완전히 숙달되기 전에 몇 차례 더 플랫폼 입구를 느릿느릿 통과해 보십시오. 가능한 한 천천히 침착하게 통과하겠다는 마음의 준비를 하고 양손에 한없이 귀중한 무엇인가가 들려 있다는 상상을 하십시오. 잠자고 있는 아이든, 귀엽기 짝이 없는 네살박이 아들이든 말입니다. 어린아이인 마틴 루터 킹, 갓난아이인 베토벤 등등. 혹시라도 당신이 잘못 떨어뜨린다면 온 인류에게 커다란 손해를 입히게 될 존재를 동반하고 있다고 생각하십시오.

사람이 아니라면 값비싼 찻잔 세트나 멋진 조각이 되어 있는 유리 스탠드는 어떨까요? 조금이라도 균형이 흐트러져 기울어지면 깨어져 버리는 물건 말입니다. 한쪽으로 잘못 치웠다가는 산산조각이 나고 말걸요. 그런 상황에서 서두를 수 있습니까? 절대 아니죠. 뒤에 있는 사람이 투덜거리고 째려본다고 해서 신경을 쓸 수 있겠습니까? 역시 아닙니다. 중요한 건 그 소중하고 섬세한 무언가를 아무 손상 없이 플랫폼 안으로 옮겨놓는데 있으니까요.

당신은 멋지게 해냈습니다. 이젠 지하철을 오가는 일이 이전과는 전혀 달라질 겁니다!

평일 출퇴근 시간에 이 연습을 하기가 너무 어렵다면 주말을 택해 시작하십시오. (아니면 휴가 때도 좋고요.) 일단 느림보 걸음에 숙달되고 나면 허둥지둥하는 출퇴근길과는 작별입니다.

휴대전화 중독 환자를 만났을 때: 신경을 분리하는 연습

휴대전화에 매달린 주변 사람들이 온갖 하찮은 이야기를 떠들고 있다고요? 너무 시끄러워 도무지 뭘 읽을 수도 생각할 수도 없겠군요. 휴대전화는 불과 몇 년 전에 등장했을 뿐이지만 이제 어디서나 볼 수 있는 물건이 되었습니다. 그리고 포기하기에는 너무도 편리한 물건입니다.

자, 그럼 휴대전화에 대고 큰소리로 시시껄렁한 이야기를 나누는 옆 승객의 무례함을 어떻게 극복하고 평온함을 찾을 수 있을까요? 우선 심호흡에서 시작합니다. 길고 깊게 여러 차례 호흡하십시오.

이 책의 설명을 눈으로만 읽어 내려가지 마십시오. 정말로 읽기를 중단하고 호흡을 해 보아야 합니다! 들숨과 날숨을 제대로 반복하십시오.

이제 눈앞의 방해 요인에서 신경을 분리하는 연습을 시작합시다. 방법은 여러 가지입니다. 첫째, 방해하는 상대에 대한 당신의 판단을 인식하십시오. 물론 그 사람은 쓸데없는 대화를 나누고 있습니다. 하지만 잠시 뒤로 물러서 봅시다. 당신 자신의 대화 중에서 제3자가 '시시껄렁'하지 않다고 생각할 만한 것이 몇 퍼센트나 될까요? "아휴, 정말 습도가 높은 날이죠?" "어떤 음식을 먹을까요?" "저기, 저 진열대 안의 코걸이 좀 보세요!" 프루스트의 시나 러시아 경제 상황에 대해 토론하는 시간은 사실 많지 않습니다.

어쩌면 그건 전혀 시시한 화제가 아닐지도 모릅니다. 전화 상대방은 새로 나온 전동 휠체어 이야기를 듣고 뛸 듯이 기뻐할 수도 있거든요. 몸이 불편한 이들에게는 정말 중요한 정보지요. 그리고 중국 음식과 베트남 음식 사이에서 벌어지는 당신의 고민은 음식 알레르기를 가진 사람에게는 아무 관심 없는 문제일 겁니다.

더군다나 그 사소한 잡담이 인간 사회를 유지하는데 아주 중요하다는 점은 당신도 인정하지 않습니까? 잡담은 우리의 관계를 굳게 이어줍니다. 그런 대화는 마음을 편안하게 하고 같은 배를 타고 있다는 동료 의식을 안겨 주지요. 쓸데없이 날씨 이야기를 나누지 않는다면 어떨까요? '상쾌한 날'이라느니 '멋진 일요일'이라느니 하는 인사를 건네지 않는다면요?

동물 행동 연구자들은 원숭이들이 서로 두드려 주고 이를 잡아주는 행동을 함으로써 집단 전체의 평화를 유지해 나간다고 설명합니다. 그런 행동을 통해 집단의 응집성이 증가하는 거지요. 사람은 이를 잡아주는 대신 이런 대화를 나누는 셈입니다.

당신은 반박하고 나설지도 모릅니다. "그런 잡담이 사회에 어떤 도움이 되든 간에 바로 옆에 앉은 사람이 주위에 아랑곳없이 떠들어대는 건 틀림없이 잘못된 일이에요!" 맞습니다. 그럼 심호흡을 하고 다른 방법을 동원해 그 특정한 상황으로부터 마음을 분리해 보도록 하죠.

두 번째 기법이 도움이 될지도 모르겠습니다. 방해가 되는 전화 통화에 집중하는 대신 다른 쪽으로 주의를 돌리는 겁니다. 버스나 전철을 타고 있습니까? 그렇다면 창 밖에 펼쳐지는 풍경을 바라보십시오. 벽, 나무, 사람 등등.

통화 소리를 제외한 다른 소리를 인식해 보십시오. 10대 남녀가 키득거리고 있군요. 신사가 신문을 넘기는 소리도 들립니다. 차장은 다음 정차할 곳을 안내합니다.

그렇게 듣고 보면서 판단을 내리지는 않도록 주의하십시오. 그냥 인식만 하면 됩니다. 주위의 자극을 추상적인 풍경과 소리로 인식하는 연습이니까요. 전체가 한 덩어리가 되어 주어지는 경험입니다. 어느 하나가 특별히 돌출하지 않도록 하십시오.

어느 일요일, 숲 속의 오두막으로 차를 몰고 들어간다고 상상하십시오. 나루터에 걸터앉아 잔잔하고 고요한 호수를 바라보며 즐거워하고 있습니다. 모터보트나 수상스키 같은 방해꾼은 없습니다. 그 때 어떤 것이 눈에 들어올까요? 호수 위로 그림자를 드리우는 커다란 소나무나 하늘에 뜬 부드러운 흰 구름, 아니면 나무와 구름을 그대로 비춰주는 수면…… 수면 위로는 미풍이 작은 물결을 만들어냅니다. 검고 푸른 물이 가볍게 움직입니다.

시인이나 화가가 아니라면 이런 상황에서 소나무 하나에만 집중하지는 않을 겁니다. 아무 판단 없이 뒤로 물러서 풍경 전체를 받아들이겠죠. 구름이 얼마나 훌륭한지, 물결 중 어떤 것이 더 크고 힘찬지 따위에 대해서는 생각지 않는 겁니다. 당신을 감동시킨 것은 그 모두가 합쳐진 이미지입니다. 그 이미지 때문에 당신은 평화로운 상태에 빠져들게 됩니다.

도심 한복판을 지나는 버스 안이 산골짜기의 잔잔한 호수로 여겨질 리야 만무합니다. 하지만 부분이 아닌 전체를 바라보겠다고 작정할 수는 있습니다. 좀 더 중립적으로 말입니다. 마치 영화를 보듯이 눈앞에 펼쳐진 상황을 멀리서 관찰하십시오. "흠, 전화하는 사람이 있군. 엔진이 웅웅거리고 말야. 21세기다운 풍경과 소리야.

그리고 그걸 구경하고 있는 나도 여기 있지." 호흡하십시오.

 당신 자신이 휴대 전화 중독 환자라고요? 그럼 다음 번에는 '통화' 버튼을 누르기 전에 잠시동작을 멈추고 한번 생각하십시오. "버스에서 내린 다음에 걸면 안 되는 걸까?" "주위 사람들에게 방해가 되지는 않을까?" "더 작은 소리로 말할 수 있을까?" 등등. 식당이나 지하철, 버스 같은 공공 장소에서는 휴대전화 전원을 아예 꺼두는 방법도 있습니다.

잠시 동안의 동작 정지

벌새처럼 분주히 살고 계십니까? 하루 종일 이일 저일을 해치우면서 말이죠. 휴식이란 없습니다. 밥도 뛰어다니면서 먹을 정도지요.

바삐 돌아다니는 벌새의 작은 가슴에서는 분당 무려 615회의 심장 박동이 나타난다고 합니다. 다른 새와 달리 이 작은 생명체는 폴짝거리거나 걷는 일이 없습니다. 늘 힘차게 날아다니죠. 어떻게 그런 엄청난 에너지가 충전될까요? 밤에 쉬어 줌으로써 가능한 일입니다. 밤이 되면 벌새는 정말로 완전한 휴식 상태에 들어갑니다.

신진 대사 수준은 확 떨어지지요. 잠자고 있는 동안 체온은 46도에서 12.8도 정도까지 낮아질 정도입니다.

이는 일시적인 동면 상태라고 할 수 있습니다. 그리고 벌새는 다음날 아침이면 다시 활기를 되찾게 됩니다. 당신 역시 벌새의 동면을 응용할 수 있습니다. 지금 당장, 지하철이나 버스에 앉은 상태로 말이죠. 결국 매일 밤 당신은 일종의 동면을 경험하는 셈입니다. 깊이 잠든 한 밤중에 신체의 신진대사는 급격히 저하되거든요. 근육이 이완되고 체온이 떨어지며 심장 박동 수나 맥박 역시 줄어듭니다. 호흡 횟수도 줄어들지요. 뇌파조차 평온하게 됩니다. 잠에 빠져드는 초기에는 베타 유형의 뇌파가 압도적으로 나타납니다. 그러다가 알파, 세타, 델타 유형으로 점차 바뀌면서 뇌파 속도가 느려집니다.

밤을 지내면서 당신은 다양한 수면 단계를 거치게 되고 그 동안 면역 체계가 일신되고 근육 에너지가 재충전됩니다. 간단히 말해 배터리가 다시 에너지를 공급받는 셈입니다.

지하철이나 버스에 앉아 배터리를 충전하십시오. 벌새 같던 신진대사 수준을 낮추는 겁니다. 이집트 자세를 취하고 깊고 긴 호흡을 합니다. 눈은 감든 뜨든 상관없습니다. 눈을 뜨고 있다면 초점을 맞추지 마십시오. 앞에 있는 승객이나 광고 문구 등을 뚫어지게 바라보지 말아야 합니다.

자, 이제 수를 세면서 호흡하기 시작합니다. 하나에 숨을 들이마시고 둘, 셋, 넷, 다섯 동안 숨을 참은 다음 여섯, 일곱에 내쉽니다. 여러 차례 반복하십시오. 그러면서 몸에서 어떤 증상이 나타나는지 살펴보십시오. 숨을 참으면서 어깨를 올리거나 가슴을 긴장시키기 쉽습니다. 숨을 참을 때도 가볍고 부드럽게 하십시오. 어깨와 목, 턱은 가능한 한 이완시켜야 합니다. 엉덩이 위쪽으로 상체가 붕붕 떠오르는 듯한 기분을 느껴 보십시오.

넷을 셀 동안 숨 참기가 너무 힘들다고요? 그럼 단계적으로 해 나갑시다. 처음에는 두 박자 동안 참습니다. 즉 하나에 들이마시고 둘, 셋에 참고 다시 넷, 다섯에 내쉬는 겁니다. 그렇게 반복하다가 좀 더 오래 참을 수 있다는 생각이 들면 2:8:2로 하십시오. 세 번 내지 다섯 번 연습한 후에 평소 호흡하던 식으로 돌아갑니다. 몇 차례 평소 호흡을 한 후 다시 수를 세면서 하는 호흡으로 가십시오.

수를 세면서 호흡하기란 생각처럼 쉽지 않습니다. 조금이라도 생각이 흐트러지면 바로 박자가 틀려져 버리거든요. "저녁 메뉴가 뭐지?" "저 사람 양말은 정말 이상한걸." 등등. 이런 딴 생각이 떠오르게 되면 금방 상황을 인식한 후 호흡에 집중하십시오. 또 비판적인 생각이 일어나 생각이 분산되기도 합니다. "이건 못할 것 같아." "스트레스를 덜어주기는커녕 오히려 스트레스가 쌓이는걸." 등등.

이런 모든 생각은 지극히 정상입니다. 무슨 특별한 문제가 있는 것도, 당신이 어디가 이상한 것도 아닙니다. 우리 마음이란 세상 그 무엇보다 더 제멋대로거든요. 포장 도로에 난 금이란 금은 다 살펴보고 다니는 말썽꾸러기 강아지나 다름없습니다. 그렇기 때문에 그 마음이 제자리를 찾도록 부드럽게 달래는 연습을 해야 합니다.

생각을 통제하는 한가지 방법을 알려 드리겠습니다. 호흡하면서 생겨나는 몸의 작은 움직임들에 주목하는 겁니다. 오르락내리락하는 배의 움직임을 느껴 보십시오. 갈비뼈가 조금씩 늘어났다가 수축했다가 하는 것도요. 호흡하면서 목안이 부드럽게 울리는 소리도 들어보십시오.

차라리 그냥 좀 조는 편이 낫지 않겠느냐고요?

하지만 사람이 많은 곳에서 존다는 것은 대단히 위험합니다. 꾸벅꾸벅 머리를 떨어뜨리는 사람은 아주 취약한 상태에 놓이게 되지요. 내려야 할 정거장을 놓칠 수도 있고 소매치기에게 지갑을 털릴지도 모릅니다. 하지만 1:4:2 호흡을 하고 있다면 똑바로 정신을 차리게 되는 셈이지요.

또한 낮잠을 잔 후에는 머리가 더 복잡하고 온 몸의 기운이 빠지기 쉽습니다. 무언가를 잊어버리거나 사고를 당할 확률도 높아지죠. 혼미한 정신 상태 때문에 정류장이나 역에서 집까지 걸어가는 동안 넘어지거나 어딘가 부딪칠지 모릅니다.

수를 세면서 하는 호흡의 가장 큰 장점은 기분이 좋아진다는 겁니다. 몸이나 마음이 모두 가라앉죠. 온 몸을 잠시 동작 정지 상태에 두고 난 후에는 어떤 어려운 문제가 닥쳐온다 해도 맞설 대비 태세가 갖춰집니다. 강아지랑 어울려 뛰어 놀 수도 있고 친구와 저녁 식사 약속을 잡을 수도 있습니다. 딸아이의 화학 숙제를 도와줄 수도 있고 창가에 페튜니아를 심을 수도 있습니다.

목 스트레칭

솔직히 인정합시다. 인생은 목에 커다란 고통을 줍니다. 무거운 두개골과 그 안의 뇌를 떠받쳐야 하거든요. 이 무게는 5킬로그램에 달합니다. 혹시 자기 머리가 작아서 불만인 사람이 있나요? 하지만 아인슈타인도 머리가 큰 편은 아니었습니다. 우리의 두뇌 능력은 뉴런이 연결된 수에 좌우되는 것이지 크기와는 상관이 없습니다.

그런데 이 귀중한 머리는 아무렇게나 다루어지기 십상입니다. 열차나 버스 안에서 옆자리 승객의 앉은 모습을 살펴보십시오. 의자에 걸터앉아 어깨를 앞으로 구부리고 머리는 앞으로 숙인 자세이기가 십상일 겁니다.

당신 자신의 모습도 살펴보십시오. 당신 역시 그런 방만한 자세를 하고 있을 확률이 높습니다. 이 경우 두개골과 뇌의 무게는 척추가 아닌 목 근육으로 지탱됩니다. 당연히 목에는 커다란 부담이 가해집니다.

한번 실험을 해 봅시다. 이집트 자세를 취하십시오. 두뇌에서 척추를 지탱하는 등 근육에 신호를 보내 보십시오. 그리고 척추를 부드럽게 올려 늘이십시오. 꼬리뼈에서부터 두개골 바로 아래까지 이르는 척추에 대해 생각하십시오.

머리나 턱을 앞으로 쑥 내밀지도 않고 턱뼈를 안으로 당기지도 않은 채 머리와 목을 제 위치에 놓을 수 있는지 알아봅시다. 목 부위의 뼈가 등의 척추 뼈와 편안하고 자연스럽게 연결되어야 합니다. 목뼈는 어깨 부분에서 혼자 분리되어 존재하는 것이 아닙니다.

처음에 목과 머리를 이런 식으로 조정하다보면 이상한 느낌이 들지도 모릅니다. 지금까지 계속 어깨를 둥글게 구부리고 턱을 앞으로 내민 채 대부분의 시간을 보내왔으니 말입니다. 하지만 이제는 이런 자세가 다른 신체 부위에 어떤 영향을 미치는지 분명히 깨달을 필요가 있습니다. 이를 알기 위해 조심스럽게 머리를 앞으로 내밀고 어깨를 구부려 보십시오. 이는 결국 가슴을 구부러지게 하고 아래쪽 등뼈도 휘게 만든다는 것이 분명해집니까? 이제 척추를 부드럽게 잡아 늘려 올리고 머리를 약간 뒤로 당깁니다. 턱은 바닥과 수평이 되도록 합니다. 가슴이 활짝 열리면서 위로 올라가게 되지요?

다시 의자에 푹 처박혀 보십시오. 머리를 앞으로 수그리는 경우 갈비뼈가 구부러져 결국 깊고 긴 심호흡이 불가능해집니다. 다시 척추를 길게 늘여 올리십시오. 동시에 머리와 목을 들어 등과 위치를 맞추고 목 근육도 잡아늘입니다. 이 동작은 아주 천천히 약하게 해야 합니다. 어깨를 구부리거나 긴장시키지 말고 척추를 잡아 늘일 수 있는지 확인하십시오. 목뒤가 딱딱해지지 않은 상태에서 위로 늘여야 합니다. 목은 자연스러운 곡선을 유지하도록 합시다.

이 연습 내내 잊지 말고 심호흡을 하십시오. 턱 근육을 이완하십시오. 입과 눈 주위의 근육도 마찬가지입니다. 머리 위에 얹힌 왕관을 약간 더 높이 올린다고 생각하십시오. 머리가 점점 올라가 결국 지하철 천장을 지나 거리에 닿고 이어 빌딩을 지나 태양, 구름, 별에까지 이른다고 상상해 보십시오.

그렇게 높아진 상태로 앉는 겁니다. 기분이 어떤가요? 아마 좋을 겁니다. 처음에는 이렇게 높다랗게 앉는 것이 이상하고 불편하게 느껴질지 모릅니다. 지금까지 등 근육을 구부정하게만 했기 때문에 그렇습니다. 그래서 당장은 등 근육이 뜻대로 움직이지 않을 수 있습니다. 가슴을 활짝 펴고 위로 올리십시오. 부자연스럽다는 생각이 듭니까? 낡은 습관 때문에 그렇습니다. 극복하십시오. 호흡하십시오.

  다음으로는 과도한 부담을 받아온 목 근육을 이완시키는 스트레칭을 합시다. 등은 계속 당겨 올려진 상태여야 합니다.

  천천히, 아주 천천히 머리를 앞으로 숙입니다. 턱은 점차 가슴에 가까워지겠죠. 빨리 하고 싶은 충동이 들지도 모릅니다. 그런 충동을 이겨내야 합니다. 목 뒤쪽을 계속 의식하면서 가능한 한 천천히 움직이십시오.

  머리가 앞으로 숙여지면서 목에 있는 척추 뼈 일곱 개가 어떻게 작용하는지 느껴 보십시오. 목 뒤 근육이 늘어나는 것을 알 수 있습니까? 여기서 다시 한번 낡은 습관이 머리를 들지 모릅니다. 오랫동안 처진 자세에 익숙해진 몸은 저절로 아래로 내려갈 것입니다. 머리를 앞으로 내민다 해도 잡아 올려진 등은 그 상태 그대로 유지되어야 합니다.

  목뒤에 집중하십시오. 근육 깊숙이 섬유질로 호흡한다고 생각하십시오. 세포 하나 하나에 산소를 전달하는 겁니다. 근육은 부드럽게 이완시킵니다. 호흡할 때마다 근육이 열리고 확대된다고 생각하십시오.

  이제 몸 각 부분을 차례로 인식하십시오. 어깨, 상체, 엉덩이, 팔, 손, 다리, 그리고 발 순서로 스캐닝하십시오. 긴장감이 느껴지는 곳은 어디입니까? 딱딱한 부분이 있습니까? 그 부위를 이완시키십시오.

다시 목으로 생각을 집중합시다. 호흡하는 것을 잊지 마십시오. 이제 천천히 목을 들어 얼굴이 정면 위쪽을 향하도록 합니다. 이 과정은 그렇게 간단하지 않습니다. 기계적으로 움직이지 마십시오. 아주 아주 천천히 단계를 밟아 나가야 합니다. 계속 심호흡을 하고 목뿐 아니라 신체 각 부분에 제대로 주의를 기울여 준다면 상쾌하고 편안한 기분이 될 것입니다.

적절한 속도로 '목 스트레칭'을 마치는데는 2～3분이 소요됩니다. 하루에도 몇 번씩 이 연습을 하십시오.

별 보기:
혼잡한 지하철로부터 외계로

'세상이 다 싫고 떠나버리고만 싶은' 기분이십니까? 때로는 도피하는 것이 좋은 해결책이 되기도 합니다. 미스테리 소설이나 스릴러 영화를 도피처로 삼는 사람도 많지요. 신비로운 우주로 떠나 보는 것은 어떨까요.

이집트 자세, 혹은 산과 같은 자세를 취하십시오. 길고 깊은 호흡을 시작합니다. 척추를 올려 늘이고 목과 어깨 턱을 이완시킵니다. 눈은 감아도 좋고 뜬 채 초점을 맞추지 않고 부드러운 시선을 보내도 좋습니다.

지금 당신은 지하 깊은 곳, 바위 사이로 뚫린 터널 안에 있습니다. 저 위쪽으로 하늘이 보인다고 상상하십시오. 하늘까지 닿기 위해서는 지하철의 금속 지붕과 콘크리트 터널을 지나야 합니다. 복잡하게 얽힌 전선과 상수도 관, 가스관, 그리고 아스팔트와 보도 블럭도 통과해야겠군요.

사람과 차로 붐비는 거리를 지나 빌딩들 사이를 날아올라 하늘로 향하십시오. 당신의 마음과 시선은 그렇게 계속 올라갑니다. 새들이 날아다니는 고도 700 미터, 통신 위성들이 어지러이 신호를 교환하는 7 킬로미터 상공도 지납니다.

이제 별들이 보입니다. 별들은 늘 그렇게 그 자리에 있습니다. 도시가 매연에 휩싸이고 눈 녹은 더러운 물에 온통 질척거리는 때나, 건물 처마에서 빗물이 떨어져 당신 머리를 적시는 때나 항상 똑같이 말입니다. 그런 기상 현상은 대류권이라 불리는 층에서 일어난 일시적인 변화일 뿐입니다.

자, 이제 대류권을 넘어서 11 킬로미터를 더 올라갑니다. 수증기도, 먼지도, 오염 물질도 없어 시야가 탁 트인 곳입니다. 그 무한한 공간에 대한 경외감을 온 몸으로 느껴 보십시오.

계속 호흡하십시오. 어깨를 이완하십시오. 척추를 위쪽으로 올려 늘이십시오.

일상 속에 파묻힌 우리는 저 멀리 펼쳐진 우주를 잊어버리기 쉽습니다. 훤한 대낮이라 해도 별들은 여전히 그 곳에 있습니다. 반짝반짝 빛나면서 말입니다. 뜨거운 가스로 이루어진 수많은 덩어리는 상상할 수 없을 정도로 뜨거운 열기와 찬란한 빛을 내뿜습니다. 오래된 별, 어린 별, 이미 차가워진 별, 죽어가면서 빛을 내뿜는 별…… 초신성으로 폭발하면서 거대한 위성 카메라에 붉은 색, 초록 색, 진분홍 색 광채를 선사하는 별들도 있습니다.

'태양'이라고 불리는 것 또한 별에 불과하다는 사실을 우리는 잊어버리기 쉽습니다. 지구 지름의 109배에 달하는 거대한 별, 화씨 9,900도에 달하는 뜨거운 별이지요. 우리에게 태양은 아주 특별한 의미를 가진 것으로 여겨지지만 실제로는 은하수에 있는 별 수십 억 개 가운데 하나에 불과합니다. 그 많은 다른 별과 비교했을 때 더 크지도 작지도, 더 밝지도 어둡지도 않은 지극히 평범한 별입니다. (하지만 태양은 그 어느 별보다도 지구와 훨씬 가깝고 이 때문에 크게 느껴집니다.)

열차의 바퀴가 선로에 부딪쳐 끽끽거리는 소리가 들린다고요? 열차가 비틀거리는 움직임이 느껴진다고요? 계속 호흡하십시오.

돌고 있는 별들의 무리, 은하에 대해 생각해 봅시다. 대형 은하는 대개 1조개의 별을 포함하고 있습니다. 작은 경우라 해도 수십만 개 수준이죠. 불과 얼마 전까지만 해도 인류는 우리의 은하계가 우주 전체에서 유일한 은하라고 생각했습니다. 하지만 이제는 안

드로메다, 월풀, 켄타우르스 A, 핀월 등 신비스러운 이름을 가진 수십억 개의 은하가 존재한다는 것을 알고 있지요.

행성에 대해서도 생각해보십시오. 지구를 포함해 태양 주위를 도는 행성이 모두 아홉 개라는 사실은 이제 초등학생들조차 모두 알고 있습니다. 망원경, 분광계, 최신 탐지 기술 등의 발전으로 말미암아 우리 태양계 바깥에 존재한다고 알려진 행성들의 수는 점점 더 늘어나는 중입니다. 현재 인류가 알고 있는 행성의 개수는 46개에 달합니다. 외계를 대상으로 한 이러한 관찰 연구가 계속되면서 기존의 우주 개념은 수정을 거듭하고 있습니다.

호흡을 계속하십시오. 마지막으로 대폭발(빅뱅)을 생각하면서 우리의 우주 여행을 끝마치도록 합시다. 오늘날 천문학자들에게 가장 큰 지지를 얻고 있는 대폭발 이론은 선회하던 불꽃이 엄청난 폭발을 일으켜 우주가 탄생했다고 설명합니다. 그리고 그로부터 수십억 년이 흐른 오늘날까지도 우주는 계속 팽창하는 중이라고 합니다. 별과 은하들은 계속 우주를 향해 뻗어가며 서로 멀어지고 있습니다. 하지만 이 이론이 과연 후대의 천문학자들에게도 받아들여질지는 두고 보아야 할 문제입니다.

그 광대한 우주를 생각해 보면 어느 틈에 우리 개인의 문제는 하잘것없는 것이 되고 맙니다. 하루 종일 머리를 썩힌 그 문제는 실제로는 그리 심각한 것이 아닐지도 모릅니다!

이 연습을 지하철 안에만 국한시킬 필요는 없습니다. 훤한 대낮에 길을 걸어 가면서도 얼마든지 가능합니다. 교통 체증에 발이 묶였거나 신호에 걸려 멈췄을 때, 버스를 기다릴 때 하늘을 한번 올려다보십시오. 저 푸른 하늘과 흰 구름을 넘어서 한참 위쪽에서 빛나고 있는 별들에 대해 생각하십시오.

맑은 날 밤에 집 창가에서 하늘을 바라보는 것도 좋습니다. 믿을 수 없을 만큼 아름다운 밤하늘을 올려다보십시오. 아니면 별에 관한 인터넷 사이트를 검색해 보아도 상상의 나래가 한층 더 넓게 펼쳐질 겁니다.

버스나 지하철 손잡이를 잡고
서 있을 때: 트위스트 스트레칭

한참을 기다려 겨우 기다리던 버스나 지하철을 잡아탔을 때 자리가 없다면 절로 짜증이 나기 마련입니다. 하루 종일 컴퓨터에 매달려 힘들게 일한 참이라 당장이라도 쓰러질 지경으로 피곤한데 말입니다. 자리에 앉아 편안히 집으로 가려던 마지막 계획마저 무산된 셈이군요. 하지만…… 과연 정말 그럴까요? 당신은 이미 하루 종일 꼼짝 않고 한 자리에 앉아 일한 참입니다. 두 다리를 굳건히 딛고 선 채 손잡이를 잡고 서서 스트레칭을 하다 보면 오히려 기분이 더 상쾌해질지도 모릅니다.

물론 콩나물시루처럼 복잡한 버스나 지하철 안에서는 이 스트레칭이 곤란합니다. 양 옆, 그리고 뒤쪽에 어느 정도 공간이 있어야 합니다. 각각 30~40센티미터 정도의 공간이면 될 겁니다. 뭐, 그렇다고 줄자를 대고 측정할 것까지는 없고 대충 눈으로 어림짐작하면 충분합니다. 주변에 승객이 너무 많다면 산과 같은 자세를 취하는 것으로 대신하도록 합시다.

우선 두 발을 엉덩이 넓이로 벌리고 무릎을 살짝 구부리십시오. 무릎은 처음부터 끝까지 살짝 구부린 상태로 유지해야 합니다. 그래야 자세가 보다 안정되고 갑자기 차가 멈춰 섰을 때 그 움직임에 맞춰 균형을 유지할 수 있습니다. (하이힐을 신었을 때는 절대 이렇게 균형을 잡으려 들지 마십시오. 자칫하면 옆 사람 발을 밟게 될 테니까요. 출퇴근길에는 구두 대신 운동화를 신어보면 어떨까요?)

오른팔을 뻗어 위쪽의 손잡이나 봉을 잡으십시오. 척추를 올려 늘이십시오. 얼굴과 턱은 이완되어야 합니다. 깊은 복식 호흡을 합니다. 올려진 오른쪽 어깨 역시 이완하도록 하십시오. 오른쪽 어깨와 팔을 위로 뻗으면서 그 오른편 몸의 모든 근육에 산소를 전달한다고 상상하십시오. 근육들이 모두 활개를 치며 확장된다고 느껴 보십시오.

핸드백이 있다면 오른쪽 어깨에 걸고 짐은 두 다리 사이에 내려놓으십시오. 짐이 다리에 닿아 있도록 하면 안심하고 스트레칭을 계속할 수 있을 겁니다. 왼쪽 팔은 이완된 상태로 옆구리 쪽에 늘어뜨리면 됩니다.

허리를 아주 천천히 부드럽게 움직여 상체를 왼쪽으로 돌리십시오. 주변 사람들이 거의 눈치채지 못할 정도로 미세하고 조심스럽게 움직여야 합니다. 1센티미터씩 움직인다고 생각하면 어떨까요.

아래쪽부터 시작해서 척추 위쪽으로 움직임이 전해지도록 하십시오. 척추를 올려 늘일 때 그랬던 것처럼 우선 등 가운데 부분에서 시작해 등 위쪽, 가슴, 어깨, 목, 그리고 머리의 순서대로 왼쪽으로 돌리십시오. 아주 천천히 움직이십시오. 이 과정에서 어깨와 목, 턱은 이완되어야 합니다. 이발소 표시등의 붉은 선을 생각하십시오. 그 선처럼 당신 몸도 부드럽게 돌아가는 겁니다.

호흡하십시오. 애완 동물로부터 훌륭한 스트레칭을 배울 수도 있습니다. 애완 동물을 좋아하는 사람들은 크게 개 파와 고양이 파로 나누어지는 것 같습니다. 물론 두 종류의 동물을 모두 좋아하는 사람도 있긴 하지만 말입니다. 당신이 어떤 쪽이든 좋습니다. 동물이 스트레칭 하는 모습을 떠올려 보십시오. 동물이 몸을 쭉 뻗으면서 인상을 찌푸리던가요? 격렬하고 무리하게 움직이던가요? 절대 그렇지 않을 겁니다. 동물은 아주 게으른 자세로 즐겁게 스트레칭을 합니다.

이 트위스트 스트레칭을 하면서 고양이나 개의 그런 동작을 흉내

내 보십시오.

다른 승객들은 아무도 당신을 주목하지 않을 것이 분명합니다. 하지만 그래도 행여 쑥스러운 생각이 든다면 뒤편에 붙은 광고나 길거리 표지판, 혹은 전철역 이름을 확인하는 척 하면 됩니다.

왼쪽 어깨 뒤편으로 돌아보는 동작을 몇 번 반복하십시오. 목 근육은 계속 부드러운 상태여야 합니다. 목도 이완하십시오. 무릎이 계속 약간 구부러진 상태인지 확인하십시오. 힘을 주거나 무리한 동작을 하지는 마십시오. 스트레칭은 즐거워야 합니다.

좀 더 많이 몸을 돌리기 위해 호흡을 활용할 수도 있습니다. 어떻게 하면 되냐고요? 숨을 들이쉴 때마다 척추를 위쪽으로 좀 더 당겨 늘이는 겁니다. 이 때 어깨를 올리지 않도록 주의하십시오. 숨을 내쉴 때는 척추를 좀 더 돌립니다. 충분히 트위스트가 되었다고 생각된다면 그 상태에서 몇 차례 심호흡하십시오. 그리고 천천히 제자리로 돌아옵니다. 다시 상체가 정면을 향하도록 하는 거지요.

'충분한 트위스트'란 무슨 뜻일까요? '오늘은 이 정도면 충분해.'라는 생각이 드는 바로 그 수준입니다. 몸이 어떻게 느끼는지, 움직임이 편안한 수준을 넘어서는 것은 아닌지 주의 깊게 살펴야 합니다. 자신의 몸을 소중히 여겨야 하니까요. 경쟁을 벌여야 하는 일이 아닙니다. 당신 자신이나 다른 사람에게 무언가 증명하려는 것도 아닙니다. 수영복 광고에 나와 꽈배기처럼 몸을 배배 트는 영화배우를 흉내 내고자 하는 것은 더더욱 아닙니다.

몸이 어떻게 느끼는지를 알려면 집중해야 합니다. 당신이 지금 하고 있는 트위스트 스트레칭에 관심을 집중하십시오. 곁에 있는 어린 학생들의 잡담에 저도 모르게 정신이 팔렸다면 어서 관심을 되돌리도록 하십시오.

너무 고통스럽다고요? 그럼 어서 몸을 좀 풀어주어 편안한 상태로 돌아오십시오. 상체를 완전히 정면으로 되돌리지는 말고 약간만 돌려주는 겁니다. 그리고 호흡하십시오. 몇 차례 더 심호흡을 한 후 다시 스트레칭을 시도해 보십시오. 그래도 고통스럽다면 상체를 정면 상태로 되돌린 후 횡경막 호흡을 하십시오.

왼쪽 트위스트를 마치고 상체를 정면으로 되돌린 다음에는 몇 번 길게 호흡하십시오. 그리고 왼팔을 뻗어 손잡이를 잡으면 됩니다. 핸드백도 왼쪽 어깨로 바꾸어 거십시오.

척추를 올려 늘이십시오. 등 아래쪽과 위쪽 근육을 모두 스트레칭해서 등 근육이 위쪽으로 길어지게끔 하는 겁니다. 동시에 호흡하면서 어깨를 이완하십시오. 무릎이 여전히 약간 구부러진 상태인지 확인하십시오.

시선을 오른쪽 어깨 뒤로 향한 후 허리를 천천히 오른쪽으로 돌리십시오. 가슴, 어깨, 목, 머리의 순서로 돌리는 움직임이 올라가게끔 하십시오. 개와 고양이의 유연한 스트레칭을 상기해보면 도움이 될 겁니다. 호흡을 계속하십시오. 어깨 뒤쪽을 돌아보면서 거기에 평소 좋아하던 사람이나 귀여운 딸아이, 조카, 오래 전에 헤어진 동창생이 앉아 있으리라 상상해 보십시오.

그리고 실제로 눈에 들어오는 사람의 얼굴을 관찰해 보십시오. 주근깨, 안경, 웃을 때 드러나는 앞니 사이의 간격 등 여러 특징이 있을 겁니다. 그 사람에 대해 호감을 느껴 보십시오. 상체를 정면으로 되돌립니다. 몇 차례 이 단계를 반복하십시오.

혹시나 빈자리가 생겼다 해도 정신없이 그 자리로 돌진하지는 마십시오. 계속 선 자세에서 몇 차례 더 트위스트 스트레칭을 하십시오. 그렇게 함으로써 집으로 돌아갔을 때 좀 더 활력을 느끼게 될 겁니다.

머리 위쪽에는 손잡이나 봉이 없고 좌석 등받이에만 손잡이가 있는 버스를 타고 있다고요? 그렇다면 그 상황에 맞춰 응용 연습을 하면 됩니다. 오른팔로 손잡이를 잡고 상체를 천천히 왼쪽으로 돌리는 겁니다.

지하철에서의 공감 연습: 감사하기

종일 사무실에서 힘든 시간을 보내면서 무례한 혹은 거만한 사람을 상대하고 난 후라면 아마 금방이라도 머리꼭지가 돌아버릴 기분일 겁니다. 하지만 그렇다고 우연히 당신 발을 밟은 사람을 향해 분노를 폭발시키는 것이 해결책은 아닙니다. 그건 어떻든 우연한 사고에 불과하니까요.

대중 교통 수단에서 흔히 잊혀지고 마는 인간 감정인 공감을 자극해 봅시다. 공감을 느낀다는 것은 다른 사람이 겪는 경험에 대해 인식하고 동시에 그 사람의 감정에 관심을 기울인다는 의미입니다.

우리는 가족이나 친한 친구, 아이에 대해서는 쉽게 공감합니다. 동생이 진급에서 누락되었다면 당신도 가슴이 아플 겁니다. 손녀딸이 팔을 부러뜨렸다면 당신 팔이 부러진 듯 고통스럽겠지요.

하지만 낯선 사람에게 공감을 느끼기란 쉽지 않습니다. 그러니 우선 눈에 보이지는 않지만 매일같이 당신을 도와주고 있는 사람들에 대해 생각해 봅시다.

우선 이집트 자세를 취합니다. 길고 깊게 호흡하십시오. 앉을 자리가 없다면 산과 같은 자세를 취하면 됩니다. 그리고 당신이 타고 있는 지하철이 제대로 움직이도록 애쓰는 사람들에 대해 생각해 봅시다. 매일같이 밤낮으로 수백 명에 이르는 사람들이 땅 밑에서 힘들게 일하고 있습니다.

하루 종일 지하에서 일한다는 건 어떨까요? 한 주 내내, 한 해 내내 그렇다면요? 점심 시간에도 거리에 나가 푸른 하늘을 올려다보고 따뜻한 햇살을 즐길 수 없는 겁니다. 시간에 쫓기며 지하 식당에서 간단히 먹고 말겠죠.

그런 지하철 역무원들에게 공감을 느껴 보십시오. 그 길고 고독한 업무 시간에 대해 생각하십시오. 승차권 판매소에서 끝없이 잔돈을 세어 거슬러주고 무례한 승객을 상대하면서 대체 어떤 느낌이 들까요?

하루 종일 혹은 밤새도록 어두운 지하철 통로를 오가는 정비사들에게도 감사의 마음을 보냅시다. 정비사들은 빨강에서 노랑, 노랑에서 초록, 그리고 다시 초록에서 노랑으로 변하는 신호등에 따라 일합니다. 저 멀리 환하게 불이 밝혀진 플랫폼에는 승객들이 오가는 모습이 보이겠죠.

지금은 별로 감사하고 싶은 기분이 아니라고요? 아무 생각 없이 그저 어서 집으로 가고 싶은 마음뿐이라고요? 그렇다면 '잠시 동안의 동작 정지' 편에서 소개한 방법에 따라 호흡을 가다듬는 것이 좋겠습니다. 마음이 좀 편안해지면 다시 이 연습을 시작하십시오.

깊게 심호흡하십시오. 차장은 어떤가요? 이들 역시 좁은 공간에 종일 갇혀 시간을 보냅니다. "열차 출발합니다. 출입문 닫습니다. 뒤로 물러서십시오."라는 말을 끝없이 반복하면서 말입니다. 승객들의 불만 사항을 처리하면서 온갖 짜증스러운 말을 들어야 하지요. 차장에게도 이해와 관심을 보내 주십시오.

물론 지금 당신이 타고 있는 지하철이 아주 낡은 종류인지, 혹은 자동화된 최신형인지에 따라 차장이나 정비사 혹은 역무원의 일은 조금 다를 겁니다. 상황에 맞춰 공감 연습을 하면 됩니다.

이제 공감 명상의 수준을 한 단계 더 높여 봅시다. 지하철을 건설한 사람들에 대해 생각해 보십시오. 불도저와 크레인 등 여러 중장비가 동원되었을 겁니다.

다이너마이트가 몇 톤은 족히 나갈 바위를 조각 내고 이어 노동

자들이 그 조각을 더 잘게 부수는 광경을 상상하십시오. 먼지가 뭉게뭉게 일어나는 가운데 땅을 파내고 파낸 흙과 돌 조각은 신속하게 옮겨졌을 겁니다. 그러면서 지하 통로가 마련되었을 테고 위험한 순간도 많았겠죠. 당신은 오늘 하루 종일 꼼짝 못하고 일한 탓에 등이 아프다고 투덜거리고 있을지 모르겠습니다. 하지만 당신이 지금 편안히 타고 있는 지하철을 만들기 위해 얼마나 많은 사람들이 땀을 흘리고 등의 통증을 느꼈을지 한번 생각해 보십시오. 그리고 그 모든 이들에게 감사한 마음을 가지십시오.

그밖에도 이 지하철을 만들기 위해 힘을 합쳤던 이들은 도시 계획 입안자, 건축가, 엔지니어, 측량가, 디자이너, 지질학자, 은행가, 정치가, 납세자 등 한없이 많습니다.

지하철의 공감 연습이 익숙해진 후에는 지상으로 올라오십시오. 버스나 기차를 타고 이동하면서도 그 이동을 가능하게 만들어준 수많은 이들을 기억하고 감사의 인사를 전하는 겁니다.

한가로운 산책: 늑장부리는 기쁨

막 붐비는 버스나 지하철에서 내린 참입니다. 이제 집에까지 걸어가면 됩니다. 아무리 적게 잡아도 몇백 번은 족히 왕복했던 길이지요. 그래서 당신의 발걸음은 마치 자동 로봇의 그것과도 같습니다. 머리 속에는 오로지 가능한 한 빨리 집에 도착하겠다는 생각뿐이고요.

하지만 오늘은 '늑장 부리기'를 연습해 봅시다. 별 목적도 없이 발걸음을 멈추거나 한눈을 팔면서 천천히 행동하는 것 말입니다. 여기서 핵심은 '별 목적도 없이'입니다. 늘 무언가를 위해 돌진하는 현대인에게는 잘 와 닿지 않는 말일지도 모릅니다. 지금 이 순간 당신은 집으로 돌아가는 중입니다. 급히 식료품점이나 세탁소에 들를 수도 있습니다. 환승 주차장에 세워둔 자동차를 향해 달려가고 있는지도 모르겠습니다.

출구 가까운 곳에 주차할 자리가 하나도 없다고 자주 불평하는 편인가요? 이제부터는 그 먼 거리를 손해가 아닌 축복으로 생각하십시오. 걷기는 당신을 목적지인 식료품점이나 세탁소, 주차해 둔 차로 데려가기 위한 수단이 아니라 한가로이 산책하는 기회 그 자체가 되어야 합니다.

그렇다고 시간이 훨씬 더 많이 걸리는 것도 아닙니다. 아마 3~5분 정도만 더 잡으면 충분할 겁니다. 하루 전체를 놓고 생각할 때 그건 그리 긴 시간이 아니죠. 일단 늑장 부리기의 즐거움을 깨닫고 나면 아마 그 시간에 대해 인식조차 하지 못할 겁니다.

어슬렁거리며 걷기를 시작하기 전에 길고 깊은 심호흡부터 하십시오. 현재 이 순간에 마음을 집중하십시오. 미래가 걱정입니까? 마음은 벌써 집으로 달려가 텔레비전 앞에서 시원한 맥주 캔을 따고 있다고요? 이런 경우 여기서 저기로 이동하는 동안 마주치는 온갖 새로운 광경을 제대로 볼 수 없게 됩니다. "무슨 새로운 광경이 있다는 말인가요?" 당신은 이렇게 물을지도 모르겠군요. 물론 파리 강변의 카페 같은 이국적인 풍경은 아닙니다. 동경하던 영화

배우를 만나게 될 일도 없을 테고요.

하지만 그럼에도 불구하고 당신이 걸어가는 그 길은 흥미롭고 재미있는 일들로 가득합니다. 평소 늘 무시하고 지나쳤던 동식물을 살펴보십시오. 무언가 다른 것을 눈치챌 수 있지 않을까요?

물론 마음속에는 걱정거리가 많겠지요. 당신의 인생, 직장, 도시 전체가 도대체 다 엉망진창이라고 느껴질 수도 있습니다. 집에서 당신을 기다리는 문제 때문에 발걸음 옮기기도 두려울지 모르고요.

그런 상황을 인정하십시오. 그런 걱정은 너무 지겹지 않습니까? 마치 이미 두 번이나 본 영화를 텔레비전 주말 명화에서 다시 볼 때처럼 말입니다. 늑장부리며 걷다가 중요한 결단을 내릴 수도 있습니다. 늑장 부린 덕분에 얻게 된 몇 분의 여유 시간 동안 주변의 사물과 사람을 관찰해 보십시오. 그 하나 하나를 절대 평범하다고 부를 수는 없다는 점을 알게 될 겁니다!

자, 그럼 무엇을 좀 더 새로운 눈으로 다르게 볼 수 있을까요? 예를 들어봅시다. 지하 주차장으로 들어가는 남녀 한 쌍이 보입니다. 50대쯤 되었을까요? 서로 손을 잡고 있군요. 몇 발자국 걸을 때마다 어깨가 부딪칠 정도인 걸 보니 아주 가까운 사이인 모양입니다. 결혼 30주년을 기념하러 멋진 식당으로 가는지도 모르겠습니다. 아니면 얼마 전에 만난 사이일지도 모르고요. 10대 소년 소녀처럼 순식간에 불이 붙은 관계일 수도 있습니다.

소리 높여 울어대는 아이를 달래는 부인도 보입니다. 아이는 얼굴이 새빨개진 채 작은 주먹으로 부인의 가슴을 때려대고 있습니다. 고함도 지르는군요. 당신 머리 속에서는 일단 엄마 노릇도 제대로하지 못하는 형편없는 사람이라는 생각부터 들 겁니다. 잠시 그런 선입견을 지워버리면 어떨까요? 어쩌면 이웃집 아이를 돌봐주고 있는지도 모릅니다. 그렇다면 서로 익숙하지 못한 탓에 적응하는데 시간이 걸리게 되지요.

나무 아래 붉은 꽃이 보입니다. 누군가 힘들게 허리를 구부려 꽃을 심었겠군요. 당신을 비롯해 전혀 모르는 사람들이 걸어다니면서 조금이라도 기분이 좋아지게끔 하기 위해 그 수고를 감당한 겁니다.

횡단 보도에 푸른 불이 들어왔습니다. 때로는 기계 불빛이 지시하는 대로 걷다가 멈추다가 해야 한다는 점이 몹시 짜증스럽습니다. 하지만 그 신호등이 없다면 어떻게 될지 생각해 봅시다. 사람들, 자동차들, 자전거, 트럭 등이 모두 뒤엉켜 꼼짝을 못할 겁니다. 길을 한번 건너려면 목숨을 걸어야 할지도 모르죠.

과일 가게 앞에는 탐스러운 사과가 산더미처럼 쌓여 있습니다. 먼 지방에서 농부가 정성 들여 가꾼 후 여기까지 오게 된 사과들입니다.

이런 예들은 모두 당신에게도 지극히 익숙한 모습일 겁니다. 하지만 바로 이 순간 당신이 그것을 보게 된다는 것은 참으로 기쁜 일입니다. 새로운 눈으로 주위를 관찰하는 연습은 창의력을 키우는 지름길입니다. 어딘가 급히 가야한다는 속박을 벗어 던지고 나면 새로운 것을 무수히 많이 보게 됩니다. 당신의 몸과 마음이 지금 이 순간에 완전히 몰입했을 때 무엇이 눈에 들어오는지 체험해 보십시오.

휴대 전화도 꺼 두십시오. 어슬렁거리며 늑장부리며 걷는 그 순간에는 전화를 받지 않기로 작정하는 겁니다.

수퍼마켓에서:
짜증내지 않고 계산 순서를 기다리기

집으로 가는 길에 시장을 보아야합니다. 수퍼마켓에는 굶주린 사람을 배 터져 죽게 만들기 충분할 정도의 온갖 먹을거리가 넘치도록 쌓여 있습니다. 그런데도 당신은 짜증을 부리는군요. 이유가 뭔가요?

하루가 끝나 가는 시간입니다. 당신은 지쳤습니다. 게다가 설상가상으로 배도 고픈 상태군요. 그러니 신선한 과일, 보기만 해도 군침이 도는 빵이며 과자, 선홍색 고기 진열대를 지나면서도 신이 나질 않습니다. 먹을 것을 보니 더욱 배가 고픕니다.

이럴 때 해결 방법은 간단합니다. 쇼핑을 하기 전에 무언가 조금 먹어두는 겁니다. 수퍼마켓에 들어서면서 사과나 바나나 같은 과일을 하나 먹는다면 아주 좋습니다. 하지만 초콜릿 도넛 같은 단 것은 피하십시오. 순간적으로는 기운이 날지 모르지만 계산대 앞에서 순서를 기다릴 때는 다시 짜증이 나고 말 테니까요. 과일에도 당분이 많이 들어 있기는 하지만 과당은 보다 천천히 몸에 흡수됩니다. 그래서 순간적으로 기분이 흔들리지 않지요.

수퍼마켓의 또 다른 문제는 시각적 청각적 자극이 너무 많다는 겁니다. 시끄러운 음악이 쉴새없이 흘러나오고 여기 저기서 싼 물건을 광고하는 고함 소리가 들립니다. 자, 길고 깊은 심호흡을 시작하십시오. 숨을 들이쉴 때마다 고요한 에너지를 끌어당긴다고 상상하십시오. 내쉬면서는 소음을 제거한다고 생각하고요.

이런 노력에도 불구하고 수레를 끌고 계산대 앞에 줄 설 무렵이 되면 다시 지쳐버리기 십상입니다. 게다가 앞에 선 부인은 굳이 잔돈으로 계산하겠다면서 지갑을 뒤지고 있습니다. 그 동안 기다려야 하는 당신은 머리 끝까지 짜증이 나겠죠.

길고 깊은 호흡을 하십시오. 줄서 있는 다른 사람들을 좀 다르게 바라보면 어떨까요? 당신 앞에 선 사람들은 자칫하면 방해물로 여겨지기 쉽습니다. 제거해야 할 장애로 말입니다. 그러면 본능적으로 그 모든 사람을 싫어하게 되고 맙니다.

좀더 중립적인 시각으로 한 명 한 명을 관찰하십시오. 물론 그 사람들과 친구가 되어야만 한다는 건 아닙니다. 하지만 비판이나 판단 없이 바라볼 수는 있지 않을까요? 그 사람들이 쇼핑 수레에 쌓아올린 물건의 양에만 관심을 쏟지는 마십시오. 행동이 느리고 잔소리만 많은 사람으로 치부해버리지도 마십시오.

각각의 사람들에게서 당신이 좋아할 수 있는 점을 찾아보십시오. 평소 당신도 즐기는 식료품을 고르지는 않았나요? 멋진 스카프를 매고 있나요? 구두가 당신 취향인가요? 귀여운 아이를 동반하고 있나요?

도대체 마음에 드는 면이 하나도 없다고요? 그럼 호흡을 가다듬고 다음 사람을 살펴보십시오. 틀림없이 무언가 찾아낼 수 있을 겁니다. 당신과 마찬가지로 힘든 하루 일과를 보낸 후 지쳐버린 표정일지도 모르지요. 당신이 좋아하는 추리소설 작가의 책을 들고 있지는 않은가요?

당신 바로 앞에서 물건을 계산대에 올리고 있는 사람을 관찰하십시오. 빨리 빨리 행동하는지, 꾸물거리는지에 대해 판단은 내리지 말고 말입니다. 그저 조용히 관찰하십시오. 그 손과 손가락을 보십시오. 냉동 식품 포장지를 어떻게 잡고 올리는지 보십시오. 참으로 신기하지 않습니까! 손가락은 정교하게 구부러졌다가는 다시 펴집니다. 지금 이 순간 당신 눈앞에 펼쳐지는 것은 경이롭기 짝이 없는 인간 신체의 움직임입니다.

  계산원에게 가까이 간 후에는 그 쪽에도 관심을 기울이십시오. 다정한 눈길로 계산원을 바라보십시오. 그 사람의 눈으로 세상을 바라보십시오. 그 계산원은 오전 8시부터 같은 장소에서 종일 일하고 있었는지도 모릅니다. 엄지발가락에 물집이 잡혔을 수도 있습니다. 밤에 집으로 돌아간 후에는 더운물에 발을 담가야 할 겁니다.

  당신과 마찬가지로 계산원 역시 배고프고 지쳐 있습니다. 벌써 몇 시간째 고객들이 골라온 식료품 가격을 찍어대는 중이니까요. 한 사람이 계산을 끝내고 나가면 또 다른 사람이 나오고, 그 사람이 끝나면 또 다음 사람이 기다리고…… 혹시라도 서툴러 계산이 지연되거나 하면 손님의 욕설까지도 감수해야 합니다.

  다시 호흡하십시오. 수천 명의 사람들이 계산대를 지나가지만 계산원에게는 무심한 눈길을 던질 뿐입니다. 오히려 계산대 앞에 놓인 껌이나 초콜릿에 관심을 보이죠. 나름의 개성을 가진 고유한 인간으로 계산원을 대하는 사람은 한 명도 없다시피 합니다.

  당신이 다정한 한마디를 던지면 어떨까요? "안녕하세요? 정말 힘든 하루군요." 아무런 대답도 돌아오지 못할 가능성도 큽니다. 몇 시간이 흐르는 동안 친절하게 말을 건네준 사람이라고는 당신이 처음일지도 모르니까요. 어쩌면 당신의 인사를 비난으로 받아들일 수도 있습니다. 워낙 짜증부리는 손님들만 대하다 보면 다정한 대화와 비난을 구분하지도 못하게 되는 거지요. 당신은 그 계산원 편이라는 점을 보여 주십시오.

무슨 말이든 상관없습니다. 그저 우호적인 표정으로 우호적인 말을 던지면 됩니다. 계산원이 어떻게 대답하는지는 전혀 중요하지 않습니다. 당신 행동이 빚어내는 결과에 집착하지 마십시오. 친절한 말 한마디를 하는 데는 아무런 비용도 들지 않습니다. 매번 수퍼마켓에 갈 때마다 다정한 인사를 해 보십시오. 어쩌면 그 계산원과 정말 친구 같은 사이가 될지도 모릅니다.

6부
마침내 집으로

퇴근 후의 휴식: 다리 운동

집으로 돌아온 후 가장 시급한 것은 발의 피로를 풀어주는 일입니다. 우선 편안한 옷으로 갈아입으십시오. 하루종일 신발에 갇혀 있었던 발을 해방시키고 편안하고 따뜻한 양말을 신도록 합시다.

5분 동안만 아무에게도 방해받지 않을 수 있는 장소를 고르십시오. 텔레비전이나 라디오, 오디오를 끄십시오. 가족이나 룸메이트에게는 미리 양해를 구하는 편이 좋을 겁니다. 누군가 당신을 찾는 바람에 정신이 분산되는 일이 없도록 말입니다.

그림이나 사진이 아무것도 걸려 있지 않은 빈 벽을 찾으십시오

(아니면 잠시 그림을 떼어두어도 좋겠군요). 바닥에 편안하게 눕습니다. 카펫이 깔려 있다면 가장 좋지만 운동용 매트도 괜찮습니다. 담요를 접어서 바닥에 깔아도 좋고요. 매트나 담요는 벽에 길게 붙여 깔아 줍니다.

  이 운동은 반드시 바닥에서 해야 합니다. 침대는 등을 충분히 받쳐주지 못하기 때문에 절대 금물입니다! 우선 엉덩이가 벽에 닿도록 앉습니다. 무릎은 구부려 주십시오. 상체를 펴서 늘입니다. 그 상태 그대로 천천히 매트 위에 몸을 눕힙니다. 왼쪽을 바라보며 모로 누운 자세가 되도록 말입니다. 엉덩이는 계속 벽과 맞닿아 있어야 합니다. 눕다 보니 엉덩이가 벽에서 떨어졌다면 자세를 조정하십시오.

  계속 무릎을 구부린 상태에서 천천히 바로 눕습니다. 이 때 한쪽 엉덩이는 계속 벽과 닿아 있어야 합니다. 그렇게 똑바로 누운 상태에서 다리를 천장 쪽으로 들어올립니다. 오른쪽 다리와 발은 벽에 기대어 지탱하십시오. 엉덩이도 계속 벽에 닿아 있어야 합니다. 혹시라도 엉덩이나 다리, 발이 벽에서 떨어진다면 자세를 조정하도록 하십시오. 처음에는 익숙하지 못한 탓에 계속 조정이 필요할 겁니다. 엉덩이가 벽에 붙지 않는다고 해서 뭐 큰일날 것은 없습니다. 하지만 다리를 수직으로 뻗어 완전히 벽에 기대게 되면 이완 효과가 아주 큽니다.

이제는 팔을 엉덩이 옆으로 쭉 뻗은 채 바닥에 눕습니다. 엉덩이와 팔 사이에는 15~30 센티미터 정도 거리를 둡니다. 손바닥은 위를 향하게 하십시오. 길고 깊은 심호흡을 시작합니다. 눈을 감으십시오.

등이 바닥에 맞닿아 있는 것을 느끼십시오. 척추 뼈 하나 하나가 바닥 쪽으로 무겁게 내려앉는다고 상상해 보십시오. 척추 뼈에는 몇 층의 근육이 붙어 있습니다. 척추 뼈를 아래로 내려놓으면서 그 근육들을 이완시킨다고 생각하십시오. 등의 모든 근육이 휴식하는 겁니다.

호흡을 계속하십시오. 배가 오르내리고 있는지 확인하십시오. 완전히 이완된 다리와 발의 느낌을 즐기십시오. 서서 걸어다니고 뛰어다니고 앉아있던 하루의 노동 후에 마침내 당신 다리가 완전히 편안한 상태가 된 겁니다.

이제 몸의 나머지 부분도 이완시킵시다. 특히 늘 긴장을 받고 있던 신체 부분에 초점을 맞춥니다. 머리, 어깨, 등이 그렇다고요? 그럼 그 부분의 근육이 확장되고 이완되는 모습을 그려보십시오. 지극히 편안한 상태가 되면 잠이 들기 쉽습니다. 하지만 잠에 빠져들지는 마십시오. 그 상태에서 5분 정도만 있다가 몸을 일으킵니다. 저혈압 증세가 있다면 아주 천천히 움직여야 합니다. 안 그러면 현기증을 느낄 테니까요.

한가지 더 알려 드리겠습니다. 이 연습은 정맥류 치료에도 도움이 됩니다. 다리에 혈관이 보기 싫게 툭 튀어나오는 정맥류는 순환 불량 때문에 생겨납니다. 약해진 정맥이 효율적으로 피를 심장에 돌려보내지 못해 혈액이 모이게 되지요. 중력의 도움을 받아 다리에 몰린 피를 분산시킬 수 있습니다. 다리를 들어 올렸을 때 부드럽게 돌려 준다면 치료 효과가 한층 더 높을 겁니다.

등의 통증이 심할 때: 쉽고 안전한 스트레칭

축하합니다! 드디어 하루를 무사히 보냈군요! 이제 5~7분 정도 등에게 스트레칭을 선사합시다.

첫째, 반듯이 누운 자세에서 1,2분 정도 휴식합니다. 당신의 등 모양에 가장 편안한 자세를 찾아야 합니다. 무릎 아래 쿠션을 두는 것이 편안할 수도 있고 다리를 소파에 걸쳐 올릴 수도 있습니다. 다리를 올려놓을 경우에는 넓적다리뼈가 수직을 이루도록 하십시오. 그렇게 하지 않았다가는 다리 무게가 온통 등 근육에 실리고 마니까요.

아니면 아무것도 필요 없이 그저 바닥에 눕는 편이 좋을 수도 있습니다. 여러 자세를 시험해 보십시오. 당신의 고유한 체형에 맞는 자세를 찾자면 끊임없는 실험이 필요합니다.

우선 천천히 길고 깊게 호흡하십시오. 완전히 녹초가 되어 버린 하루였지요? 이제 스스로를 돌볼 시간입니다. 온 몸의 뼈나 근육 하나 하나가 이완되도록 하십시오.

시간 때문에 마음이 급하다고요? 이완 단계를 생략하고 바로 스트레칭으로 넘어가고 싶은 충동이 들지도 모릅니다. 하지만 그런 충동은 단호히 거부하십시오. 몸이 경직되어 있을 때 스트레칭을 시작한다면 무리가 올지도 모릅니다.

몇 분 후 손과 무릎으로 몸을 의지한 채 엎드린 자세를 취하십시오. 무릎은 엉덩이 넓이로, 그리고 손은 어깨 넓이로 벌리십시오. 개나 고양이가 흔히 취하는 자세지요. 동물들은 늘 이런 상태로 있기 때문에 항상 이완되어 부드럽게 움직이게 됩니다.

힘을 주지 말고 부드럽게 등을 구부립니다. 고양이가 공포에 질렸을 때 몸을 동그랗게 하듯이 말입니다. 몇 차례 심호흡을 하십시오. 얼굴을 이완하고 머리를 아래쪽으로 늘어뜨리십시오. 다음으로는 등 모양을 반대로 하고 머리를 들어 위쪽 천장을 바라봅니다. 짐을 잔뜩 실은 당나귀 등처럼 위에서 내려다보았을 때 오목하게 만드는 겁니다. 위쪽을 바라볼 때 목이 지나치게 뻣뻣해지지 않도록 하십시오. 입도 확인하십시오. 입술을 너무 굳게 다물고 있는 것은 아닙니까? 이완하십시오.

등을 고양이처럼 구부렸다가 짐 실은 당나귀처럼 오목하게 하기를 몇 차례 반복하십시오. 아주 아주 천천히 해야 합니다. 처음에는 등이 판자처럼 딱딱하게 여겨질지 모릅니다. 마음을 편하게 가지십시오. 등 근육에 숨을 한껏 불어넣는다고 생각하십시오. 척추에 감사하는 마음을 가져야 합니다. 종일 사무실에서, 또 만원 지하철에서 고생해준 척추가 아닙니까.

이 연습을 하다가 체중을 떠받치고 있는 손목이 아파진다면 그때마다 쉬어 줍니다. 손목의 부담을 없애기 위해 무릎을 껴안은 자세로 앉는 것은 어떨까요? 연습 회수가 늘어가면서 손목도 점점 편안해 질 겁니다. 하지만 만약 무릎이 아프다면 당장 중단해야 합니다. 이 스트레칭은 당신에게 적합하지 않습니다. 대신 2부에서 소개했던 '샤워하기: 부드럽고 안전한 척추 스트레칭'을 하도록 하십시오.

몇 번 반복한 후에는 바닥에 등을 대고 누운 자세로 돌아옵니다. 무릎을 구부려 가슴 쪽으로 끌어당기십시오. 호흡하십시오.

그리고는 다시 손목과 무릎으로 몸을 지탱하는 엎드려 자세로 돌아와 엉덩이를 돌려봅니다. 처음에는 오른쪽으로 당겼다가 다시 왼쪽으로 당기는 연습을 합니다. 꼬리를 흔드는 커다란 강아지가 된 기분으로 말입니다. 하지만 강아지보다는 훨씬 더 천천히 해야 한다는 점을 명심하십시오! 호흡을 계속해야 합니다.

이번에는 엉덩이로 완전한 원을 그립니다. 오른쪽으로 갔다가 발뒤꿈치 쪽으로 뒤로 뺐다가 왼쪽으로 돌리고 다시 오른쪽으로 가는 겁니다. 엉덩이를 발뒤꿈치 쪽으로 움직이면서 척추 전체가 그 쪽으로 길어지는 느낌을 가지십시오. 팔까지 함께 스트레칭한다고 생각해도 좋습니다. 또 엉덩이가 앞쪽으로 당겨질 때는 눈앞의 벽을 향해 팔도 스트레칭하십시오. 이 원 그리기는 아주 천천히 해야 합니다.

개가 꼬리를 흔들 때는 온 몸이 함께 움직입니다. 허리와 등, 엉덩이가 모두 꼬리와 함께 좌우로 부드럽게 흔들리지요. 개는 완벽한 동작을 보여야한다는 부담 따위를 전혀 느끼지 않고 편안하게 행동합니다.

당신도 즐거운 기분을 가지십시오. 엉덩이를 돌리면서 엉덩이가 통과하는 좌표 하나 하나를 느껴 보십시오. 돌리기가 힘들다면 그건 너무 힘을 주고 있기 때문입니다. 편안하고 유연하게 움직이도록 하십시오. 잘해야 한다는 집착을 버리십시오.

다시 가운데 위치로 돌아와 호흡하십시오. 이제 반대 방향으로 원을 그립니다. 부드럽게 해야 한다는 점을 기억하십시오. 누군가에게 당신 실력을 과시해야 하는 것이 아닙니다.

하나만 더 해 봅시다. 아까처럼 손과 무릎으로 몸을 지탱하며 엎드린 자세를 취합니다. 뒤쪽의 벽을 향해 오른발을 들어올립니다. 그러면서 엉덩이에서 발끝에 이르는 다리 전체를 스트레칭하십시오. 다리를 높이 들어올려야 하는 것은 아닙니다. 발끝이 하늘을 향한다고 해서 더 훌륭한 사람이 되는 것도 아닙니다. 다리가 바닥과 수평을 이루도록 한 후 잠시 그대로 멈춘 채 균형을 잡아 보십시오. 그리고는 다른 쪽 팔을 앞으로 뻗습니다. 몸 전체를 그렇게 기분 좋게 천천히 늘이십시오. 마치 밀가루 반죽을 양쪽으로 늘리듯 말입니다.

균형잡기가 너무 어렵다고요? 그럼 다리 하나를 올렸다가 내려놓은 후 팔 하나를 올리는 식으로 연습하면 됩니다. (점차 균형 잡기가 쉬워질 겁니다.)

다시 바닥에 등을 대고 누워 눈을 감고 얼굴 근육을 이완시키십시오. 그 상태로 누워 다음 동작을 하고 있는 자신의 몸을 그려보십시오. 저녁을 준비하면서, 혹은 아이의 고장난 장난감을 고치면서 그 고요한 에너지를 계속 몸에 유지해야 합니다.

저녁 식사를 준비하는 시간:
감사해야 할 일들

손가락 하나 까딱할 힘도 없는데 가족들을 위해 저녁을 준비해야 한다고요? 자, 그럼 식사 준비를 시작하기 전에 딱 두 가지만 생각해 봅시다. 평소 당신이 너무도 당연하다고 생각해 넘겨 버리는 일들입니다. 시간이 없다고요? 걱정 마십시오. 아무리 오래 걸리더라도 3~5분이면 충분할 테니까요.

의자에 앉아 이집트 자세를 취합니다. 몇 차례 길고 깊게 호흡하십시오. 몇 분간만이라도 마음놓고 요리할 수 있는 불이 갖춰져 있다는 데 대해 감사하십시오. 부엌에서 불을 피우기 위해 당신이 해야 할 일이라고는 손목을 살짝 돌리는 것 뿐입니다. 손잡이를 잡고 돌리면 바로 훨훨 불이 타오르지요. 푸른 불꽃이 힘차게 일렁입니다. 전기 버너를 사용하고 있다면 코일이 발갛게 달아오를 때까지 잠시 기다리기만 하면 됩니다. 불을 피우는 일은 이렇게 쉽습니다. 손목만 살짝 돌려주면 그만입니다.

하지만 이 지구상의 많은 사람들은 가스나 전기가 선사하는 그 열에 감탄을 금치 못합니다. 이들은 손목을 돌리는 일과는 비교도 할 수 없을 정도로 힘든 과정을 거쳐 불을 얻습니다. 허리를 구부리고 힘들게 일해야 하는 겁니다. 우선 나뭇가지나 삭정이를 주워 모읍니다. 집 옆에는 머리 높이까지 나무 단이 쌓이기 마련이지요. 자, 안도의 한숨을 내쉬어도 좋습니다. 힘든 하루 일과 후 집에 돌아오면서 땔감을 찾아 나설 필요가 없으니 말입니다.

처음에는 이런 감사하기 연습이 짜증스럽게 여겨질 수도 있습니다. "저보다 못한 사람들이 어떻게 사는지 늘 생각해야 한다는 건가요?" "인류 전체를 걱정할 여유가 없어요. 저 자신의 문제만 해도 충분히 많다고요." 등등의 불평이 나오기도 하겠죠. 당신에게 다른 걱정거리가 많다는 점은 잘 알고 있습니다. 빚도 갚아야 하고 말 안 듣는 아이도 달래야 하고 상사와의 관계도 잘 풀어가야 하죠.

호흡을 계속하십시오. 깊고 길게 호흡해야 합니다. 아무리 현실적인 문제가 많다해도 부엌에서 쉽게 얻어지는 불은 역시 '기적'입니다. 여기서 '기적'이란 말에는 아무런 종교적 의미도 없습니다. 그저 굉장히 특별하고도 의미 깊다는 뜻이지요. 우리 주위를 둘러보면 누구나 가스 렌지나 전기 스토브를 가지고 있으니 그걸 깨닫기 힘듭니다.

하지만 전기도 수도도 없는 리오데자네이로의 빈민촌 주부를 생각해 봅시다. 당연히 당신 부엌에 있는 가스 렌지는 기적입니다. 환상적이고 동시에 커다란 기적이지요.

이제 두 번째 기적을 소개할 차례입니다. 오늘은 이 정도로 충분하다고요? 그렇게 생각하는 분은 책을 덮고 식사 준비를 시작하십시오. 두 번째 기적은 토요일이나 일요일 좀더 시간 여유가 있을 때 살펴보아도 되니까요.

자, 그럼 또 한가지 감사할 점을 알려 드리겠습니다. 역시 손목을 약간 돌리는 것만으로 당신에게 주어지는 기적입니다. 바로 수돗물이지요. 과일을 씻고 야채를 다듬으면서 가볍게 틀어 사용하는 물 말입니다. 수도꼭지에서 나오는 물은 저 먼 곳으로부터 복잡한 관을 타고 당신 집까지 찾아왔습니다. 정수장은 당신 집에서 수십 킬로미터 떨어져 있는 것이 보통입니다. 정수장의 물은 거기서 다시 수십, 수백 킬로미터 떨어진 곳에서 흘러왔습니다.

잠시 당신이 누리는 특권에 대해 감사하는 시간을 가지도록 합시다. 손가락을 살짝 건드리기만 하면 깨끗한 물이 콸콸 쏟아져 내립니다. 물론 염소 소독약 냄새가 약간 나기는 합니다. 그래서 먹는 물을 위해서는 정수기를 설치하거나 아예 병에 든 물을 사기도 하죠. 하지만 요리하고 빨래하는 데는 수돗물로 충분합니다. 게다가 수돗물은 뜨겁게 나오기도 하고 차갑게 나오기도 합니다. 이 역시 손가락만 움직이면 되는 일이지요.

아파트에 살고 있다고요? 그런 높은 층까지 물이 어떻게 올라갈까요? 압력 펌프 덕분입니다. 상수도를 설치한 엔지니어들, 배관공, 설계자, 건축 감독 등 당신 집안에 물을 끌어 들여준 사람들을 기억합시다.

고마운 자연에 대해서도 생각을 해 보아야겠군요. 바람이 불고 수증기가 강이나 호수 바다에서 증발하여 하늘로 올라간 후 저 하늘 위해서 얼음 결정이 모여 구름을 만들고 눈송이가 떨어지다가 지상에서 가까운 높이까지 내려온 후 비로 변해 내리게 되는 것은 얼마나 복잡하고도 신비스러운 현상일까요.

수돗물 역시 지구상에 사는 수백만 명의 사람들에게는 기적일 뿐입니다. 상수도 시설 없이 사는 사람들이 그토록 많습니다. 무더운 날씨에 먼지가 풀풀 나는 길을 따라 우물까지 가서 물을 길어다가 사용해야 하죠. 물동이를 운반하는 일은 얼마나 힘든지 모릅니다. 하루 일을 마친 후 어깨에 무거운 물통을 메고 나를 필요가 없는 당신은 참으로 행운아입니다.

호흡을 계속하십시오. 당신은 정말로 많은 것을 누리고 있습니다. 부엌에서 또 다른 기적을 찾아보십시오. 냉장고는 어떻습니까? 각종 전기 제품들은요? 수퍼마켓에서 쉽게 골라 담을 수 있는 깨끗이 다듬어진 야채는 또 어떻습니까?

이제 저녁 식사 준비를 시작하십시오.

식사 준비 완료: 천천히 먹기

어린 아이였을 때 "그렇게 허겁지겁 먹지 말아라"라는 말을 들어 보았을 겁니다. 어른이 된 지금도 천천히 음식을 먹는다면 식사 시간이 완전히 바뀔 수 있습니다.

처음 몇 번은 혼자서 천천히 먹기를 연습하십시오. 친구나 가족과 함께 먹게 되었다면 제대로 속도를 맞춰줄 수 없다는 점을 미리 알리는 편이 좋습니다.

언제나처럼 시작은 길고 깊은 심호흡입니다. 무릎 위에 손을 얹고 앞에 놓인 음식을 바라보십시오. 음식이 담긴 접시나 그릇의 모양과 색깔을 관찰하는 겁니다. 가장자리에 꽃무늬가 있나요? 바다처럼 푸른색인가요, 아니면 예쁜 분홍색인가요?

다음으로는 그릇에 담긴 음식의 모양과 질감을 살핍니다. 바삭하게 보이는 것은 무엇인가요? 부드럽게 느껴지는 것은요? 그렇게 가만히 앉아 음식을 바라보고 있는 것이 고문처럼 느껴지나요?

그건 우리 안에 내재된 동물적 본능 때문인지도 모릅니다. 조상들은 사자 같은 큰 동물에게 빼앗기기 전에 가능한 한 빨리 먹어치워야 했지요. 아니면 특히 식성이 좋은 가족 틈에서 성장한 탓일 수도 있지요. 늑장 부리다가는 맛있는 반찬이 다 없어져 버리는 겁니다.

이완하십시오. 박물관에서 17세기 네덜란드 화가의 그림을 감상한다고 상상하십시오. 포도는 한 알 한 알이 유리처럼 영롱하고 사과에는 이슬이 맺혀 있습니다. 식탁 옆에 서 있는 부유한 상인의 화려한 코트 색깔이 크리스탈 병에 그대로 비칩니다. 그 그림을 감상하듯 당신 앞의 저녁 식사를 감상하십시오.

자, 좋습니다. 이제 수저를 드십시오. 하지만 서두를 것은 없습니다. 아주 천천히 수저를 움직여 음식을 먹게 될 테니까요. 그릇에 담긴 음식을 당신 입에 넣기까지 벌어지는 복잡하고 미세한 동작을 감탄하는 눈으로 바라보십시오.

우선 숟가락으로 국을 한 수저 떠서 먹고 내려놓습니다. 젓가락을 움직여 반찬을 집고 입으로 가져갑니다. 반찬이 너무 커서 잘라야 한다면 미세하고 조심스러운 동작으로 음식물을 분리합니다. 다시 숟가락을 세로로 밥그릇에 집어넣은 후 한 입에 먹을 만큼 밥을 떠냅니다. 그리고는 숟가락을 수평으로 세운 채 밥알을 하나도 흘리지 않고 입에 집어넣지요.

보통 당신은 이 정교한 동작을 거의 기계적으로 해냅니다. 하지만 손가락 하나라도 다치게 되면 그 식탁에서의 묘기가 얼마나 대단한지 금방 깨달을 수 있을 겁니다. 호흡을 계속하십시오. 먹는 일에 계속 관심을 집중하도록 합시다.

음식물이 들어가면 입은 어떻게 움직입니까? 우리 몸에서 가장 강한 턱 근육이 활동을 개시합니다. 총 32개인 치아도 합세해 음식물을 잘게 부숩니다. 앞니가 숟가락이나 젓가락이 넣어준 음식물을 입안으로 받아들입니다. 뺨 근육은 음식물을 뒤쪽으로 밀어보냅니다. 침이 배출됩니다. 꿀꺽 목구멍을 통과한 음식물은 온갖 소화액이 바쁘게 움직이는 위로 향합니다.

음식을 씹는 동안 당신 손은 무엇을 하나요? 서둘러 식사를 해치우던 버릇대로 아마 벌써 다음에 입에 넣을 음식을 수저에 담고 있는 중일 겁니다.

새로운 연습을 해 봅시다. 입에 음식이 들어있는 동안에는 수저를 내려놓는 겁니다. 그래요, 완전히 내려놓으십시오. 입안의 음식물이 다 처리되어 목구멍 안으로 사라질 때까지 수저는 식탁 위에서 쉬고 있으면 됩니다. 그 다음에야 다시 손에 쥐는 거지요. 처음에는 쉽지 않을 겁니다.

수저로 떠올린 음식물 자체를 관찰하십시오. 껍질 채 먹는 콩 조림을 젓가락으로 집었다고 합시다. 그 길고 가느다란 생김새와 밝은 초록색, 콩 특유의 향기를 느껴보십시오. 입 속에 집어 넣으면서 질감을 확인합니다. 바삭한가요? 즙이 많은가요? 혀의 맛봉오리를 통해 천천히 콩 조림을 받아들이십시오. 두 가지 향기가 섞여 있나요? 콩의 향기에 조미료로 들어간 깨의 향기까지?

콩 조림이 입에 닿자마자 바로 삼키고 싶어질지 모릅니다. 그렇다면 포도주 맛을 감정하는 전문가를 떠올려 보십시오. 이런 사람들은 우선 잔 끝에서 10센티미터 정도 떨어진 곳에 코를 대고 냄새를 맡습니다. 잔을 양쪽으로 살짝 흔들어 향기가 올라오도록 한 후 잔 바로 위에 코를 대고 천천히 향기를 들이마십니다. 마지막으로 살짝 한 모금 물어보지요. 하지만 삼키지 않고 한참 굴리며 느낌을 알아봅니다.

당신도 한번 흉내를 내 보십시오. 눈앞에 놓인 음식물 또한 몇십 년 된 포도주만큼이나 많은 특징을 가지고 있으니까요.

완전한 이완 : 머리부터 발끝까지

    몸과 마음을 완전히 가라앉혀 주는 연습을 소개하겠습니다. 잠에 빠져들기 위해, 혹은 침대로 올라가기 직전에 사용할 수 있는 방법입니다. 조용하게 침묵 속에서 할 수도 있고 조용한 음악을 틀어놓아도 좋습니다.

    바닥에 등을 대고 눕습니다. 바닥에는 카펫이나 매트가 깔려 있어야 합니다. 아니면 침대 위일 수도 있습니다. 오늘 저녁 당신 몸의 상태에 맞는 자세를 찾아내야 합니다. 무릎 아래 베개나 쿠션을 끼우는 편이 좋다면 그렇게 하십시오. 이제 심호흡을 시작합니다.

부드럽게 오르내리는 배의 움직임을 느껴 보십시오.

하루의 분주함을 모두 날려 버리고 근심 걱정까지도 잊어버려야 할 시간입니다. 처음에는 자꾸 오늘 저지른 실수나 분했던 일이 떠오를지 모릅니다. 하고 싶었지만 하지 못했던 말들은 모두 잊으십시오. 하지 말아야 했지만 해버렸던 말들에 대해서도 생각할 필요 없습니다. 마음을 가라앉히십시오.

당신 뼈의 무게를 인식해 봅시다. 우리 몸 속에는 206개의 뼈가 있습니다. 이제 그 하나 하나를 이완시키게 될 겁니다. 어떻게 뼈를 이완시킬 수 있을까요? 엄밀히 말해 뼈 자체를 이완하는 것은 아닙니다. 다만 뼈라는 존재에 주의를 집중하고 뼈가 점점 더 무거워진다고 생각하기 시작하면 뼈 주위의 근육, 힘줄, 인대 같은 것이 이완됩니다. 뼈가 아래로 떨어져 나오는 것 같은 느낌이 들 겁니다. 그리고 편안한 기분이 되죠.

자, 당신의 몸은 하루종일 중력에 대항해 버텨왔습니다. 이제 그 힘에 완전히 굴복해 버리는 겁니다. 중력이 마음껏 작용하게끔 하십시오. 발끝에서 시작해 점점 머리 쪽으로 올라오십시오. 종아리, 넓적다리 등 하나의 신체 부분을 이완시킬 때는 몇 초간 그 부분에만 신경을 집중하십시오. 그리고 다음 부분으로 넘어가는 겁니다. 길고 깊은 호흡을 계속하십시오. 그리고 지금 이완시키고 있는 그 부분에 호흡을 불어넣는다고 생각하십시오.

시작하기 전에 머리를 들고 몸을 내려다보십시오. 제대로 누워 있나요? 자세가 구부러지거나 뒤틀린 것은 아닙니까? 엉덩이, 다리, 팔의 위치를 조정하여 자세를 바로잡으십시오. 머리를 내려뜨리고 우선 작은 뼈들을 이완시키기 시작합니다. 엄지발가락 끝을 이완시키십시오. 양쪽 발바닥, 발뒤꿈치도 부드럽게 하십시오.

발목도 이완시키고 정강이뼈와 넓적다리뼈가 점차 무거워지게 하십시오. 두 다리는 종일 당신 몸을 떠받치며 봉사했습니다. 이제 쉬게 해줄 차례입니다. 다리에 있는 근육이 모두 활짝 열리고 확장되는 것을 느껴 보십시오. 이제 골반과 엉덩이 차례입니다. 이 뼈들도 무거워지게 하십시오. 위의 근육도 부드럽게 만드십시오. 숨을 들이마시고 내쉼에 따라 배가 부드럽게 움직이고 있습니까?

이런 식의 이완은 세상에서 제일 쉬운 일이라고 생각해왔다고요? 그렇다면 "이게 쉬는 거야? 힘들어 죽겠군."이라고 투덜거릴 수도 있습니다. 잠시 휴식하십시오. 당신 몸은 아마 평생 동안 딱딱하게 긴장된 상태였을 겁니다. 600개에 달하는 근육은 그 습관에 익숙해 있었을 테고요. 늘 목에 힘을 주고 있었다면 쉽사리 이완되지 않습니다. 상사 앞에서 늘 입을 굳게 다문 채 앉아 있었다고요? 그랬다면 우스운 일이 벌어져도 쉽게 웃음이 나오지 않았을 걸요.

연습하면 할수록 이 완전한 이완은 점점 더 쉬워집니다. 점차 어떻게 하면 더 깊게 이완할 수 있는지 깨닫게 될 것입니다. 당신 몸 속의 어떤 근육이 좀 더 쉽게 이완되는지도 알게 될 것이고요.

머리로, 마음으로 계속 몸을 스캐닝 해 가십시오. 척추뼈 하나 하나를 이완시키십시오. 등에 붙은 근육도 아래로 내려앉게 하십시오. 어깨뼈도요. 아래쪽 바닥 혹은 침대에 뼈들이 녹아든다고 상상하십시오.

내일 있을 회의 생각이 든다고요? 그럼 부드럽게 그 생각을 밀쳐냅니다. 호흡을 계속하면서 당신 몸의 일부로 관심을 집중합니다.

갈비뼈 하나 하나를 이완시킵니다. 그 사이의 근육을 모두 확장하십시오. 손가락, 손목, 팔, 어깨가 차례로 이완되어 무거워지도록 하십시오. 몸은 계속 아래로 가라앉고 있습니다. 더 깊이, 더 무겁게 말입니다.

온 몸의 뼈, 근육, 인대, 내장 기관, 피부의 무게를 완전히 바닥에 의지하십시오. 너무도 무거워 결국 당신의 몸이 바닥을 뚫고 그 아래 콘크리트를 뚫고 땅 밑으로 들어가고 있다고 상상하는 겁니다. 땅은 당신을 믿음직하게 떠받쳐줄 겁니다.

목을 이완하십시오. 당신의 머리는 이제 목이 아닌 바닥에 의지하고 있습니다. 무거운 머리를 지탱하던 근육은 그렇게도 필요했던 휴식을 취합니다. 얼굴로 가 봅시다. 얼굴에 있는 뼈와 거기 붙은 근육을 이완시키십시오.

이마도 부드럽게 되어야 합니다. 주름살을 펴십시오. 눈썹 사이의 공간도, 눈꺼풀도 편안하게 펴 줍니다. 눈과 입 주위의 근육을 부드럽게 하고 턱 근육을 이완하십시오. 입 근육에서 긴장이 없어지면 저절로 입이 약간 벌어질 겁니다. 윗니와 아랫니 사이에 작은 공간이 생겨나죠. 혀도 이완시킵니다.

가족이나 친구와 함께 이 연습을 한다면 퍽 재미있을 겁니다. 한 사람이 이완하는 동안 다른 한 사람은 이완해야 할 신체 부분을 짚어주며 천천히 부드럽게 이완을 진행시킵니다. 마음껏 충분한 시간을 쓰도록 하십시오. 한 사람 당 최소한 15분 이상 걸려 온 몸을 이완시켜야 합니다.

함께 여행해 주셔서 감사합니다.
꾸준히 고요함을 찾아 여행해 보세요.

행복한
  하루를 위한
1분 명상

초판 제1쇄 발행 2004년 6월 17일
초판 제2쇄 발행 2004년 12월 15일

지은이 미나 해밀턴
옮긴이 이상원
펴낸이 이의성
펴낸곳 지혜의 나무

주소 서울시 종로구 관훈동 198-16 남도빌딩 3층
전화 730-2211
팩스 730-2210

등록번호 제1-2492

ISBN 89-89182-22-0 03840

잘못된 책은 바꾸어 드립니다.